BIRGER KROPSHOFER

Untersuchungsgrundsatz und anwaltliche Vertretung
im Verwaltungsprozeß

Schriften zum Prozessrecht

Band 68

Untersuchungsgrundsatz und anwaltliche Vertretung im Verwaltungsprozeß

Von

Dr. Birger Kropshofer

DUNCKER & HUMBLOT / BERLIN

Alle Rechte vorbehalten
© 1981 Duncker & Humblot, Berlin 41
Gedruckt 1981 bei Buchdruckerei Bruno Luck, Berlin 65
Printed in Germany
ISBN 3 428 04802 4

Vorwort

Gegenstand der Arbeit ist die Frage, in welcher Weise der im verwaltungsgerichtlichen Verfahren herrschende Untersuchungsgrundsatz Auswirkungen auf Betätigungsmöglichkeiten und Rolle des Rechtsanwalts als Prozeßbevollmächtigten im Verwaltungsrechtsstreit hat. Die durch die Rechtsprechung vertretene ständige Einschränkung der Untersuchungsmaxime zugunsten einer partiellen Anwendung des Verhandlungsgrundsatzes gab Anlaß zu einer kritischen Betrachtung.

Die Arbeit wurde im Wintersemester 1979/80 vom Fachbereich Rechts- und Wirtschaftswissenschaften der Johannes-Gutenberg Universität Mainz als Dissertation angenommen. Dafür habe ich insbesondere den beiden Berichterstattern, Herrn Prof. Dr. Albert von Mutius und Herrn Prof. Dr. Otto Mühl zu danken.

Mein Dank gilt ebenso Herrn Prof. Dr. J. Broermann für die Aufnahme der Arbeit in seine Schriftenreihe.

Mainz, im November 1980

Birger Kropshofer

Inhaltsverzeichnis

I. Gegenstand und Anlaß der Untersuchung 13

   1. Berührungspunkte zwischen Untersuchungsgrundsatz und anwaltschaftlicher Vertretung 13

   2. Terminologische Vorgaben 15

II. Der Untersuchungsgrundsatz 20

   1. Das Wesen des Untersuchungsgrundsatzes nach Auffassung von Literatur und Rechtsprechung 20

      a) Geschichtliche Entwicklung dieser Prozeßmaxime sowie die Entwicklung der Diskussion 20

      b) Übernahme des Untersuchungsgrundsatzes in die VwGO 23

      c) Ausblick auf ausländische Rechtsordnungen 24

      d) Inhalt und Bedeutung des Untersuchungsgrundsatzes nach Maßgabe des § 86 VwGO 25

         aa) Darstellung der bisher in der Literatur vertretenen Definitionen sowie Nachweis der Mißverständnisse und Widersprüche 25

         bb) Tatsächliche Berücksichtigung des Untersuchungsgrundsatzes durch die Gerichte 36

            α) Begrenzung der Aufklärungspflicht unter Berücksichtigung und Auswertung des Prozeßverhaltens der Beteiligten 36

            β) Grund und Zweck der oben beschriebenen Rechtsprechung 43

   2. Darlegung und Begründung der hier vertretenen Auffassung von der Geltung eines „reinen" Untersuchungsgrundsatzes 44

      a) Umfang des Untersuchungsgrundsatzes 44

         aa) Begriffsbestimmung 44

         bb) Inhalt des „reinen" Untersuchungsgrundsatzes 45

         cc) Verfassungsrechtliche Vorgaben 49

            α) Art. 19 Abs. 4 GG und das Erfordernis richterlicher Alleinverantwortlichkeit 49

β) Auswirkungen des Art. 20 GG auf Umfang und Geltungsbereich des Untersuchungsgrundsatzes 53

γ) Die Notwendigkeit des Untersuchungsgrundsatzes unter dem Gesichtspunkt der Art. 92, 97 GG 54

b) § 86 Abs. 1 S. 1, 2. Hs. VwGO und die Einschränkung des Untersuchungsgrundsatzes 62

c) Der Untersuchungsgrundsatz und die Beteiligten als bloße Objekte staatlicher Tätigkeit 64

d) Zwischenergebnis 68

e) Spruchreife und Ermessensentscheidungen 69

f) Zusammenfassung der Kritik an der Rechtsprechung zu Umfang und Bedeutung des Untersuchungsgrundsatzes 71

III. **Erzwungene Korrektur der beschriebenen Rechtsprechung durch das prozessuale Verhalten des bevollmächtigten Rechtsanwalts** 72

1. Die Auswirkungen der Stellung des Rechtsanwalts als unabhängiges Organ der Rechtspflege 72

2. Den Verwaltungsprozeß betreffende Vorgaben auf der Seite der Rechtsanwaltschaft 76

   a) Die Haltung der Rechtsanwaltschaft zum Institut des Verwaltungsrechtsstreits 76

   b) Gebührenrechtliche Überlegungen 77
      aa) § 114 Abs. 1 BRAGO 77
      bb) §§ 30 ff. BRAGO 78

   c) Verwaltungsrechts- und verwaltungsprozeßrechtsspezifische Qualifikation der Rechtsanwälte 79

3. Die Stellung des Rechtsanwalts im verwaltungsgerichtlichen Verfahren aufgrund positiv-rechtlicher Verfahrensvorschriften 81

   a) § 87 VwGO (vorbereitende Prozeßleitung) 81

   b) §§ 103, 104 VwGO (Ablauf und Inhalt der mündlichen Verhandlung) 82

   c) §§ 100, 99 VwGO (Akteneinsicht und Vorlage der Verwaltungsvorgänge) 82

   d) § 67 VwGO (Anwaltszwang) 83

   e) § 162 VwGO (Umfang der Kostenpflicht) 83

   f) § 166 VwGO (Armenrecht) 83

4. Mittel zur Durchsetzung des Untersuchungsgrundsatzes 84

   a) Umfassender rechtlich aufbereiteter Tatsachenvortrag 84

   b) Die Stellung von Beweisanträgen nach § 86 Abs. 2 VwGO 85

   c) Untersuchungsgrundsatz und Ausforschungsbeweis 88

IV. Schlußbetrachtung 94

Schrifttumsverzeichnis 96

Abkürzungen

a.A.	anderer Ansicht
Abs.	Absatz
AcP	Archiv für die zivilistische Praxis
AG VwGO	Ausführungsgesetz zur Verwaltungsgerichtsordnung
Anm.	Anmerkung
AnwBl.	Anwaltsblatt
AöR	Archiv des öffentlichen Rechts
AS	Amtliche Sammlung von Entscheidungen der Oberverwaltungsgerichte Rheinland-Pfalz und Saarland
Bay VBl.	Bayerische Verwaltungsblätter
Bay VerfGH	Bayerischer Verfassungsgerichtshof
Bay VGH	Bayerischer Verwaltungsgerichtshof
BB	Betriebsberater
Beschl.	Beschluß
BFH	Bundesfinanzhof
BGBl.	Bundesgesetzblatt
BGH	Bundesgerichtshof
BRAGO	Bundesgebührenordnung für Rechtsanwälte
BRAO	Bundesrechtsanwaltsordnung
BSG	Bundessozialgericht
BT-DS	Bundestagsdrucksache
BVerfG	Bundesverfassungsgericht
BVerfGE	Entscheidungen des Bundesverfassungsgerichts
BVerwG	Bundesverwaltungsgericht
BVerwGE	Entscheidungen des Bundesverwaltungsgerichts
BVerwGG	Bundesverwaltungsgerichtsgesetz
DAR	Deutsches Autorecht
ders.	derselbe
Diss.	Dissertation
DJT	Deutscher Juristentag
DJZ	Deutsche Juristen-Zeitung
DöV	Die öffentliche Verwaltung
DR	Deutsches Recht
DRiZ	Deutsche Richterzeitung
DVBl.	Deutsches Verwaltungsblatt
EGH	Ehrengerichtshof
EGHE	Entscheidung des Ehrengerichtshofes für Rechtsanwälte
Entl.G	Gesetz zur Entlastung der Gerichte in der Verwaltungs- und Amtsgerichtsbarkeit
f.	folgende
ff.	fortlaufend folgende
FGG	Gesetz über die Angelegenheiten der freiwilligen Gerichtsbarkeit
FGO	Finanzgerichtsordnung
Fn.	Fußnote

Abkürzungen

GG	Grundgesetz
GVBl.	Gesetz- und Verordnungsblatt
Hbd.	Halbband
HRR	Höchstrichterliche Rechtsprechung
h.M.	herrschende Meinung
Hs.	Halbsatz
JAG	Landesgesetz über die juristische Ausbildung
JAPO	Juristische Ausbildungs- und Prüfungsordnung
JBl.	Juristische Blätter (Wien)
JR	Juristische Rundschau
JuS	Juristische Schulung
JZ	Juristenzeitung
KAG	Kommunalabgabengesetz
KOV	Kriegsopferversorgung
LAG	Gesetz über den Lastenausgleich
LBO	Landesbauordnung
MDR	Monatsschrift für Deutsches Recht
MRVO	Verordnung Nr. 165 der Militärregierung über die Verwaltungsgerichtsbarkeit in der britischen Zone
m.w.N.	mit weiteren Nachweisen
NJW	Neue Juristische Wochenschrift
OVG	Oberverwaltungsgericht
OVGE	Entscheidungen der Oberverwaltungsgerichte für das Land Nordrhein-Westfalen in Münster und für die Länder Niedersachsen und Schleswig-Holstein in Lüneburg
RAO	Rechtsanwaltsordnung
Rdn.	Randnummer
S.	Seite
s.S.	siehe Seite
SGb.	Sozialgerichtsbarkeit
SGG	Sozialgerichtsgesetz
SozR	Sozialrecht, Entscheidungssammlung
StPO	Strafprozeßordnung
u.a.	und andere
u.U.	unter Umständen
VersR	Versicherungsrecht
VerwArch	Verwaltungsarchiv
VerwRspr.	Verwaltungsrechtsprechung
VG	Verwaltungsgericht
VGH	Verwaltungsgerichtshof
vgl.	vergleiche
VO	Verordnung
VOBl BrZ	Verordnungsblatt für die britische Zone
VVDStRL	Veröffentlichungen der Vereinigung der Deutschen Staatsrechtslehrer
VGG	Verwaltungsgerichtsgesetz
VöI	Vertreter des öffentlichen Interesses
VwGO	Verwaltungsgerichtsordnung
VwVfG	Verwaltungsverfahrensgesetz
ZPO	Zivilprozeßordnung
ZRP	Zeitschrift für Rechtspolitik
ZZP	Zeitschrift für Zivilprozeß

I. Gegenstand und Anlaß der Untersuchung

1. Berührungspunkte zwischen Untersuchungsgrundsatz und anwaltschaftlicher Vertretung

Nach § 86 Abs. 1 VwGO erforscht das Gericht den Sachverhalt von Amts wegen[1]. Aufgabe der nachfolgenden Untersuchung soll es sein, festzustellen, in welcher Form und in welchem Umfang der dem verwaltungsgerichtlichen Verfahren[2] zugrunde liegende Untersuchungsgrundsatz[3] und die mit ihm zusammenhängenden gesetzlichen Annexvorschriften Aufgaben und Stellung des Rechtsanwalts[4] als Vertreter des Bürgers[5] beeinflussen.

Begriff und Bedeutung des Untersuchungsgrundsatzes sind in der Zeit seit Inkrafttreten der VwGO[6] in zahl- und umfangreichen Arbeiten[7] behandelt worden; auch die Stellung des Rechtsanwalts als Parteivertreter im verwaltungsgerichtlichen Verfahren wurde verschiedentlich erörtert[8].

---

[1] Vgl. Redeker / von Oertzen, VwGO, § 86 Rdn. 1 ff.

[2] Gegenstand der Arbeit ist vornehmlich der Untersuchungsgrundsatz im allgemeinen Verwaltungsprozeß; vergleichbare Regelungen finden sich jedoch in §§ 76 FGO, 103 SGG, 12 FGG und 244 Abs. 2 StPO.

[3] Zur Terminologie vgl. unten I. 2.

[4] Nach Ule, Rechtstatsachen, S. 106, stellen die Rechtsanwälte in 80 % aller verwaltungsgerichtlichen Verfahren den Hauptanteil aller Bevollmächtigten neben Steuerberatern, Steuerberatungsgesellschaften, Steuerbevollmächtigten, Wirtschafts- und Buchprüfern, Rechtsbeiständen, Verbandsvertretern und anderen Bevollmächtigten; vgl. ferner § 3 Abs. 1 BRAO; siehe zum Umfang der berufsrechtlichen Berechtigung des Rechtsanwalts zur Besorgung fremder Rechtsangelegenheiten auch Altenhoff / Busch / Kampmann, Rechtsberatungsgesetz, Rdn. 71 (S. 86 f.).

[5] Zur anwaltlichen Vertretung der Behörden vgl. Ule, Rechtstatsachen, S. 108; zur Problematik des kommunalen Vertretungsverbots von Mutius, VerwArch 68 (1977), 73 ff.

[6] 1. April 1960, vgl. § 195 Abs. 1, S. 1; diese Frage ist jedoch nicht auf den Bereich der VwGO begrenzt geblieben, vgl. etwa Baltzer, NJW 1967, 1550 f. für das Gebiet des finanzgerichtlichen Verfahrens; zur Zersplitterung der Verfahrensvorschriften vor Schaffung der VwGO vgl. Bettermann, ZZP 70 (1957), 161, 170 ff.

[7] Die Problematik des Untersuchungsgrundsatzes war jedoch auch schon Gegenstand früherer Untersuchungen, vgl. nur Heine, VerwArch 26 (1918), 431 ff., sowie die ausführliche Darstellung bei Schultzenstein, ZZP 43 (1913), 301 ff.; zu den Prozeßgrundsätzen des Verfassungsprozesses allgemein Engelmann, Prozeßgrundsätze, S. 19 ff.; dazu Endermann, DöV 1978, 699 f, umfassend zum Untersuchungsgrundsatz Lang, VerwArch 52 (1961), 60 ff., 175 ff. mit umfangreichen Nachweisen.

I. Gegenstand und Anlaß der Untersuchung

Gerade die Wechselbeziehungen jedoch zwischen dieser prozeßrechtlichen Maxime einerseits und dem gesetzlichen Auftrag an die Anwaltschaft andererseits hat bisher — soweit ersichtlich — nicht die gebotene Beachtung gefunden und wird häufig pauschal beurteilt; so heißt es etwa in einer verwaltungsgerichtlichen Verfügung noch aus dem Jahre 1977:

„Im verwaltungsgerichtlichen Verfahren ist eine Vertretung durch einen Rechtsanwalt nicht geboten und auch nicht erforderlich, da das Gericht den Sachverhalt und die Rechtslage in vollem Umfang von Amts wegen erforscht und prüft[9]."

Diese verbreitete[10] Einschätzung des Verhältnisses zwischen Untersuchungsgrundsatz und Effizienz anwaltlicher Tätigkeit im Verwaltungsprozeß ist sicher nicht zutreffend und wird der besonderen Notwendigkeit anwaltlicher Vertretung gerade im verwaltungsgerichtlichen Verfahren nicht gerecht. Dies gilt umsomehr, als die oben zitierte Einschätzung eines „reinen" Untersuchungsgrundsatzes von der Rechtsprechung realiter nicht durchgehalten wird:

Grunsky[11] stellt zu Recht fest, daß die von ihm vertretene Modifizierung des Untersuchungsgrundsatzes[12] de lege lata zwar der herrschenden Meinung widerspreche, es aber gleichzeitig nicht zu verkennen sei, daß die Rechtsprechung immer mehr in die von ihm befürwortete Richtung tendiere.

In der Tat wird der Untersuchungsgrundsatz — nicht zuletzt aus prozeßökonomischen Gründen — verschiedenen, teilweise weitgehenden Beschränkungen unterworfen[13]; eine weitere Aufgabe dieser Arbeit liegt darin, diese Einschränkungen zu analysieren und aufzuzeigen, in welcher Weise der mit der Prozeßführung betraute Rechtsanwalt dieser vom Verfasser kritisch beurteilten Entwicklung entgegenzutreten vermag.

---

[8] Die Untersuchungen befassen sich vornehmlich mit der Frage eines Anwaltszwanges vor den Verwaltungsgerichten und Oberverwaltungsgerichten/Verwaltungsgerichtshöfen, vgl. Bachof, DVBl. 1954, 256 f., ders., DVBl. 1954, 392 f.

[9] Hinweisende Verfügung des VG Mainz (damals noch VG Neustadt — Auswärtige Kammern in Mainz) v. 27.4.1977 — 3 K 64/77 — in Zusammenhang mit einem Armenrechtsgesuch.

[10] Andeutungsweise auch Kopp, VwGO, § 166 Rdn. 13 unter Bezugnahme auf BVerwGE 51, 113.

[11] Grundlagen, S. 177.

[12] Grunsky vertritt die Auffassung, daß der Untersuchungsgrundsatz in dem Maße zurückzudrängen sei, in welchem das öffentliche Interesse an der Sachverhaltsaufklärung nachlasse (vgl. Grundlagen, S. 168, 177).

[13] Vgl. etwa Grunsky, Fn. 11; BVerwG DöV 1963, 886.

2. Terminologische Vorgaben

Die verbreitete Unsicherheit sowohl der überwiegenden Literatur als auch der Rechtsprechung im Umgang mit dem Untersuchungsgrundsatz und der Anwendung dieser Maxime zeigt sich bereits an der augenscheinlich nicht zu bereinigenden terminologischen Verwirrung[1]. *Menger*[2] hat bereits vor einem Vierteljahrhundert resignierend festgestellt, die terminologischen Ungenauigkeiten seien so zahlreich, daß es unmöglich sei, sich erschöpfend damit auseinanderzusetzen[3].

Trotz mehrfacher Versuche[4] einer allgemeingültigen Klarstellung sind begriffliche Vermischungen auch heute noch verbreitet. So setzen etwa *Eyermann / Fröhler*[5] Verhandlungs- und Dispositionsmaxime gleich (!) und unterscheiden danach — folgerichtig — beispielsweise nicht zwischen den Wirkungen eines Anerkenntnisses[6] und eines Zugeständnisses[7].

Verstärkt wird die Verwirrung noch dadurch, daß in diesem „Standardkommentar für die Praxis"[8] hinsichtlich der Definition des Untersuchungsgrundsatzes in allgemeiner Form auf *Lang*[9] verwiesen wird. *Lang* seinerseits jedoch[10] definiert Verhandlungs- und Untersuchungsmaxime wie folgt:

> „Unter Verhandlungsmaxime soll daher verstanden werden die Befugnis der Parteien, ein Verfahren einzuleiten oder an eine höhere Instanz zu bringen, es durch Rücknahme der Klage oder des Rechtsmittels zu beenden, durch prozessuales Anerkenntnis oder Klageverzicht eine inhaltlich festgelegte Entscheidung herbeizuführen, durch Vergleich zu verfügen, durch die Anträge den Gegenstand der richterlichen Nachprüfung zu begrenzen, durch die Auswahl der Tatsachen und Beweismittel die tatsächliche Grundlage der richterlichen Entscheidung zu bestimmen und in sonstiger Weise — etwa durch Unterlassen einer Verfahrensrüge — gestaltend auf das Verfahren einzuwirken.

---

[1] Diese ist nicht auf den Bereich des Untersuchungsgrundsatzes beschränkt; schon im Jahre 1821 erkannte Feuerbach (Betrachtungen, S. 21) — in Zusammenhang mit dem Prinzip der Öffentlichkeit — die Gefahr allgemein gehaltener Begriffsbestimmungen: „Das Wort: Oeffentlichkeit, angewandt auf Gerichte und gerichtliche Handlungen, bezeichnet in seiner höchsten Allgemeinheit einen so unbestimmten Begriff, daß dessen weiter Raum so groß genug ist, die ungleichartigsten Dinge in sich aufzunehmen".

[2] System, S. 82 Fn. 14.

[3] Vgl. auch Damrau, Entwicklung, S. 3; zur Frage der allgemeinen prozeßrechtlichen Terminologie, siehe ferner Hagen, Elemente, S. 14 ff.

[4] Vgl. nur die klare Darstellung, JuS 1961, 41; ähnlich Rupp, AöR 85 (1960), 149, 188 ff.

[5] VwGO, § 86 Rdn. 2; ähnlich schon Labs u.a., Das Verfahren, S. 164.

[6] Vgl. zum Anerkenntnis im Verwaltungsrechtsstreit auch Wolf, Anerkenntnis, S. 101 ff. m.w.N.

[7] Wolf, Anerkenntnis, S. 101 Rdn. 3.

[8] Vgl. Ule, DVBl. 1977, 907.

[9] VerwArch 52 (1961), 60 ff., 175 ff.

[10] VerwArch 52 (1961), 62 f.

Die Untersuchungsmaxime definieren wir dahin, daß alle diese Befugnisse den Parteien nicht zustehen, daß vielmehr das Gericht die volle Verantwortung für ein richtiges Sachurteil und für ein justizförmiges Verfahren trifft."

Aus derartigen unreflektierten Bezugnahmen auf Begriffsbestimmungen anderer Autoren ergeben sich selbsttätig weitreichende inhaltliche Unklarheiten, die ihrerseits kaum einer terminologischen Absicherung zuträglich sein dürften[11].

Die oben bereits zitierte Anmerkung *Mengers*[12] erscheint insofern nicht weitgehend genug: Unter Zugrundelegung des heutigen Meinungsstandes kann nicht nur davon ausgegangen werden, daß eine Auseinandersetzung mit den *einzelnen* terminologischen Ungenauigkeiten unmöglich ist, sondern es muß darüber hinaus festgestellt werden, daß bereits der Versuch einer Bildung von *Gruppen* ähnlich verstandener Definitionen der hier in erster Linie interessierenden Prozeßmaximen (Verhandlungs- und Untersuchungsgrundsatz) auf nicht zu unterschätzende Schwierigkeiten stößt.

Ungeachtet dessen soll der entsprechende Versuch[13] hier unternommen werden[14].

Zum einen werden Verhandlungs- und Untersuchungsmaxime ausschließlich auf die Umstände der *Sachverhaltsfeststellung* bezogen[15]; schon die Vertreter dieser Ansicht allerdings zeigen hinsichtlich der Unterscheidung der Begriffspaare Dispositions-/Verhandlungsgrundsatz sowie Untersuchungs-/Offizialgrundsatz keine Einigkeit[16].

Weiter werden Offizialprinzip und Untersuchungsgrundsatz entweder gleichgesetzt[17] oder als Gegensätze dargestellt[18].

Eine weite Auffassung[19] geht davon aus, daß die Untersuchungs- und Verhandlungsmaxime „sowohl die Verfügungsbefugnis über den Prozeß als auch die über den Tatsachenstoff"[20] einschließen. Auch innerhalb

---

[11] Vgl. auch amtl. Begr. der Regierungsvorlage einer VwGO BT-DS III/55, S. 81.

[12] System, S. 82 Fn. 14.

[13] Siehe schon Zettel, Beibringungsgrundsatz, S. 18 ff.

[14] Insoweit aufbauend auf Lang, VerwArch 52 (1961), 60 ff., 175 ff.

[15] Vgl. etwa Friedrichs, VerwArch 6 (1898), 434 f.

[16] Vgl. die Hinweise bei Lang, VerwArch 52 (1961), S. 62; zur sog. „Amtsprüfung", siehe Rimmelspacher, Zur Prüfung von Amts wegen im Zivilprozeß, S. 33 ff.

[17] Vgl. Eyermann / Fröhler, VGG, S. 211; dagegen Baring, AöR 76 (1950/51), 455.

[18] Siehe Labs u.a., Das Verfahren, S. 164.

[19] Vgl. Goldschmidt, Zivilprozeßrecht, S. 44 f.; Schönke / Schröder / Niese, ZPO, S. 41 f.; Lang, VerwArch 52 (1961), S. 63 ff.; Schultzenstein, ZZP 43 (1913), 301, 305 ff.; weitere Nachweise bei Lang, VerwArch 52 (1961), 62 Fn. 11.

[20] Lang, VerwArch 52 (1961), 62.

2. Terminologische Vorgaben

dieser Gruppe wird terminologisch jedoch nicht genau zwischen Verhandlungs- und Dispositionsgrundsatz sowie Untersuchungs- und Offizialmaxime unterschieden.

Bei dieser Gelegenheit sei darauf hingewiesen, daß die Begriffsbestimmung in deutschsprachigen, aber außerdeutschen Rechtskreisen augenscheinlich weiter fortgeschritten oder zumindest von einheitlicher Ausgestaltung ist[21]:

Nach *Kummer*[22] etwa liegt unter Geltung der Verhandlungsmaxime die Verantwortung für die Urteilsgrundlage im Sachverhalt bei den Parteien, für die Rechtsanwendung beim Richter.

Daraus ergibt sich:

„ — Abhängigkeit des Richters von den Sachvorbringen der Parteien: Die Parteien — und nur sie — bringen den Sachverhalt vor. Der Richter hat sich ausschließlich mit diesen Sachvorbringen zu befassen; selbständig dem Sachverhalt nachzuforschen und Sachverhalte aufzuspüren, die von keine Partei erwähnt worden sind, ist ihm untersagt.

— Selbständigkeit des Richters in der Rechtsanwendung. Der Richter wendet das Recht von Amts wegen an, ohne irgendwie an die Rechtsauffassung der Parteien gebunden zu sein."

Zwar hat auch diese Definition gerade wegen ihrer bestechenden Prägnanz Schwächen:

Auch in den einem „reinen" Verhandlungsgrundsatz[23] unterfallenden Verfahren sind Fallgestaltungen denkbar und häufig anzutreffen, bei denen die Verantwortung für die Urteilsgrundlage (= festgestellter Sachverhalt) zwischen den Parteien *und* dem Gericht durchaus verteilt ist: Es sind dies alle Fälle des widerstreitenden Parteivorbringens, die das Gericht — im Falle der Erheblichkeit[24] des Vorbringens und u.U.[25] bei Vorliegen eines ordnungsgemäßen Beweisantritts[26] — zur Durchführung einer Beweisaufnahme zwingen[27] oder zumindest bestimmen.

Die Wahrheitsfindung durch die Beweisaufnahme obliegt in erster Linie dem Gericht[28], das nach seiner freien Überzeugung[29] über das Ergebnis der Beweisaufnahme befindet.

---

[21] Wenigstens finden sich keine der oben angeführten Literatur entsprechenden Hinweise auf Schwierigkeiten begrifflicher Koordination.
[22] Grundriß, S. 64.
[23] Verstanden als strenger Gegensatz zum Untersuchungsgrundsatz.
[24] Vgl. zum Begriff im Sinne der sog. Relationstechnik (Schlüssigkeit): Arndt, Juristische Ausbildung, S. 39 f.; Schneider, Zivilrechtsfall, S. 37.
[25] Ausnahmen: §§ 144 Abs. 1 (Augenschein und Sachverständige), 448 ZPO (Parteivernehmung von Amts wegen).
[26] Zum Begriff Zöller / Stephan, ZPO, vor § 284 Anm. III.
[27] Eine Ausnahme besteht etwa im Falle einer Schadensermittlung gem. § 287 ZPO.
[28] Vgl. Baumbach / Lauterbach, ZPO, Übersicht § 355 Anm. 1: „Das Beweis-

18   I. Gegenstand und Anlaß der Untersuchung

Bedenkt man überdies, daß primär dem Richter das Fragerecht zusteht[30] und daß sich die eine wie die andere Partei ein unvorhergesehenes, ihr aber günstiges Ergebnis der Beweisaufnahme als Parteivortrag zu eigen machen kann[31], tritt eine gewisse Verteilung der Verantwortung für die Erstellung der Entscheidungsgrundlage zutage[32].

Trotz dieser Einschränkung ist die Definition *Kummers* von beispielhafter Klarheit[33].

Ähnliches gilt für seine Begriffsbestimmung bezüglich des Untersuchungsgrundsatzes. Nach *Kummer*[34] bildet sie „den Gegensatz zur Verhandlungsmaxime insoweit, als sie dem Richter die Verantwortung nicht nur für die Rechtsanwendung, sondern auch für den Sachverhalt zuschiebt".

Die Auswirkungen dieses Grundsatzes stellen sich demnach wie folgt dar:

— Der Richter muß von sich aus den Sachverhalt ausforschen und abklären, wofür er die alleinige Verantwortung trägt.

— Er darf sich in seinem Urteil nur auf Sachumstände stützen, von deren Vorliegen er sich überzeugt hat, insbesondere auch dann, wenn die Parteien mit ihren Sachbehauptungen übereinstimmen.

— Er darf auch Sachumstände heranziehen, die von keiner Partei erwähnt worden sind.

Ein gewiß großer Teil der definitorischen Schwierigkeiten und Widersprüche hinsichtlich des Umfangs sowie der konkreten prozessualen Auswirkungen des Untersuchungsgrundsatzes und seiner positiv-rechtlichen Ausgestaltungen[35] hätte sich bei frühzeitiger umfassender Durchdringung wenigstens der terminologischen Vorgaben vermeiden lassen können[36]; in diesem Zusammenhang verdient nicht zuletzt der Gesichtspunkt Be-

---

verfahren liegt als besonders gearteter Prozeßabschnitt ganz in der Hand des Gerichts. Für es gilt Amtsbetrieb: die Parteien dürfen mitwirken, aber nicht entscheidend eingreifen."

[29] § 287 ZPO; vgl. auch § 108 Abs. 1 VwGO und dazu Kopp, VwGO, § 108 Rdn. 4 ff.; Redecker / von Oertzen, VwGO, § 108 Rdn. 1 ff.

[30] Vgl. Baumbach / Lauterbach, ZPO, Fn. 28; vgl. aber auch § 397 ZPO (entspr. § 97 VwGO) und dazu Zöller / Stephan, ZPO, § 397 Anm. 1 f.

[31] Vgl. in ähnlichem Zusammenhang Schneider, Zivilrechtsfall, S. 236 f.

[32] Zu weiteren Einschränkungen vgl. Kummer, Fn. 22.

[33] Vgl. zu ähnlichen Begriffsbestimmungen der bundesdeutschen Judikatur und Literatur Damrau, Die Entwicklung, S. 19 f.; Lüke, JuS 61, 41 ff.

[34] Grundriß, S. 65.

[35] Zu den auch in der Rechtsprechung insoweit herrschenden und von der Literatur gleichsam übernommenen Unsicherheiten vgl. Bachof, Verfassungsrecht, Verwaltungsrecht, Verfahrensrecht, Bd. II, S. 184 ff.

[36] Die knappen und klaren Ausführungen Walders, Die Offizialmaxime, S. 6 f. zeigen, daß dieses Vorhaben keines großen Aufwandes bedurft hätte.

2. Terminologische Vorgaben

achtung, daß auch der Gesetzgeber die Möglichkeit ungenutzt ließ, zumindest der terminologischen Unordnung durch eine positiv-rechtliche Festlegung der maßgebenden Begriffe ein Ende zu bereiten; im Gegensatz dazu hat das Gesetzgebungsverfahren selbst neue Unklarheiten gebracht:

So findet sich in der „bisherigen Stellungnahme der Bundesregierung zu den Änderungsvorschlägen des Bundesrates"[37] folgende Anmerkung[38] zu dem Vorschlag eines § 87 Abs. 2 (heute § 86 Abs. 2 VwGO):

„Das verwaltungsgerichtliche Verfahren wird ... weitgehend von der *Offizialmaxime* beherrscht[39]."

§ 102 des Entwurfes eines Verwaltungsgerichtsgesetzes[40] — eine weitgehend dem geltenden § 86 VwGO entsprechende Bestimmung — sah dagegen die zutreffende Überschrift „Untersuchungsmaxime" vor[41].

---

[37] BT-DS III/55, S. 80 ff.
[38] Fn. 37, S. 81; vgl. ähnlich ungenau Kopp, in: Weber / Fas, Jurisprudenz, 577, 585.
[39] Hervorhebung vom Verfasser.
[40] Schriften der Hochschule Speyer, Band 40.
[41] Allgemein zur Vereinheitlichung der drei Verwaltungsgerichtsordnungen: Meyer-Ladewig, SGb 1977, 333 ff., hins. der Prozeßvertretung S. 338; ferner Papier, DöV 1978, 322 ff.; siehe in ähnlichem Zusammenhang auch Redeker, DVBl. 1977, 132 ff.; Schulz, ZRP 1977, 235 f.; Schulz-Hardt, DVBl. 1972, 557 ff., ders., DVBl. 1973, 55 ff.; Ule, SGb 1975, 473 ff.; vgl. ferner Meyer-Ladewig, DVBl. 1979, 539 ff.; Stelkens, DVBl. 1979, 544 ff.

II. Der Untersuchungsgrundsatz

1. Das Wesen des Untersuchungsgrundsatzes nach Auffassung von Literatur und Rechtsprechung

a) Geschichtliche Entwicklung dieser Prozeßmaxime sowie die Entwicklung der Diskussion[1]

Der Entwicklung deutscher (Zivil-) Prozeßordnungen lag von Beginn an die bis heute geltende Vorstellung zugrunde, das freie Dispositionsrecht „des vermeintlich Gekränkten über das Seine"[2] ergäbe schon die Notwendigkeit einer Aufforderung der Staatshilfe von dessen Seite[3]; diese zunächst unscharfe Verquickung materieller Dispositionsbefugnis und prozessualer Maximen erfuhr im Laufe der Zeit insbesondere unter dem maßgeblichen Einfluß *Gönners*[4] eine Fortentwicklung und Konkretisierung, die aber bis heute weder zu einem gesicherten Ergebnis geführt noch durch gesetzgeberische Klarstellung ein Ende gefunden hat[5].

Es ist das Verdienst *Gönners,* zumindest den später dogmatisch aufgearbeiteten Grundstock zur Differenzierung und zum Verständnis der Prozeßmaximen geschaffen zu haben, auf welchem die gesamte sich anschließende Diskussion — zuweilen wider Willen — beruht[6]; insoweit ist insbesondere *Jonas*[7] zu widersprechen, nach dessen Auffassung *Gönner* „mit dem Begriffspaar der Verhandlungs- und Offizialmaxime... der Entwicklung des Prozeßrechts einen recht zweifelhaften Dienst erwiesen" habe[8].

---

[1] Vgl. zur zeitlich in etwa parallelen Entwicklung des Mündlichkeitsprinzips Arens, Mündlichkeitsprinzip, S. 10 ff.; umfassend zur Entstehung von Verhandlungs- und Untersuchungsmaxime Bomsdorf, Prozeßmaximen, S. 97 ff.

[2] Martin, Lehrbuch, § 16; vgl. in ähnlichem Zusammenhang Gneist, Rechtsstaat, S. 271.

[3] Martin, Fn. 2; vgl. auch Endemann, Das deutsche Zivilprozeßrecht, § 99 (S. 364 ff.).

[4] Handbuch, Band I, VIII, S. 175 ff.

[5] Vgl. schon zu den terminologischen Schwierigkeiten oben I. 1; angesichts der Ausführungen Grolmans (Theorie, § 78, S. 127 Lit. a, b) fällt es überdies schwer, in der Sache selbst einen erheblichen Fortschritt im Diskussionsstand zu konstatieren.

[6] Vgl. aber die kritischen Ausführungen v. Hippels, Wahrheitspflicht, S. 165 ff.

[7] DR 1941, 1697; ihm wohl folgend Lang, VerwArch 52 (1961), 63.

1. Untersuchungsgrundsatz nach Literatur und Rechtsprechung

Nur am Rande sei bemerkt, daß bezeichnenderweise selbst die soeben zitierte akzentuierte Stellungnahme *Jonas'* nicht frei von terminologischer Ungenauigkeit ist: *Gönner* hat nicht das Begriffspaar Verhandlungsmaxime/Offizialmaxime entworfen, sondern dem Verhandlungsgrundsatz die *Untersuchungs*maxime gegenübergestellt[9]; daneben ist jedoch bemerkenswert, daß *Gönner* entgegen der Auffassung von *Jonas* seinen Versuch der Reduzierung prozessualen Verhaltens auf einige wenige Prozeßmaximen nicht aufgrund einer „Fehlabstraktion"[10] unternahm; vielmehr sah *Gönner* darin zu Recht die einzige Möglichkeit, das Prozeßrecht der ungelenkten Gestaltung durch historische und regionale Zufälligkeiten zu entziehen und einer geordnet-dogmatischen Aufbereitung zuzuführen:

„Wenn man die fremdartigen Quellen betrachtet, aus welchen der gemeine Prozeß abgeleitet wird, wenn man das sonderbare Gemische von Verordnungen des römischen und kanonischen Rechts, von deutschen Gesetzen und von Gerichtsgebrauch überblickt, wenn man bedenkt, daß insbesondere das römische und kanonische Recht so selten ein ganzes Gebäude von Grundsätzen, wie sie wissenschaftlich entwickelt werden müssen, aufstellte, sondern größten Teils aus Entscheidungen einzelner Fälle ohne Zusammenhang besteht, so sollte man beinahe die Hoffnung aufgeben, diese fremdartigen Teile unter den Grundsatz der Einheit zu bringen, und man sollte beinahe fürchten, daß durch solche Untersuchung mehr niedergerissen, als aufgebaut würde[11]."

Die erste umfassende positiv-rechtliche Festlegung erfuhr der Untersuchungsgrundsatz im Sinne *Gönners* und *Grolmans*[12] in der Königlich-Preußischen Prozeßordnung[13]. Die Darstellung der Einzelheiten verließe den Rahmen dieser Untersuchung; auf die plastische Schilderung *Gönners*[14] kann daher verwiesen werden.

Wie sich noch zeigen wird, nimmt die sich anschließende Diskussion über die Vor- und Nachteile der jeweiligen Prozeßmaximen zwischen *Gönner* und *Grolman* im Grunde den gesamten bis heute schwelenden Meinungsstreit vorweg; soweit *Grolman*[15] schon im Jahre 1803 anmerkt:

„Gönner nennt die angedeutete Grundmaxime unseres Prozesses sehr treffend die Verhandlungsmaxime. Ihr steht die in der preussischen Gerichts-

---

[8] Zum prinzipiellen Gehalt der prozessualen Maximen vgl. Rödig, Die Theorie des gerichtlichen Erkenntnisverfahrens, S. 104 ff.

[9] Vgl. Gönner, Fn. 4.

[10] Jonas, Fn. 7; vgl. auch Lang, Fn. 7.

[11] Gönner, Handbuch, S. 177; vgl. auch Grolman, Theorie des gerichtlichen Verfahrens, § 7, S. 7; kritisch zur „Maximenmanie" Bomsdorf, Prozeßmaximen, S. 159 ff.

[12] Fn. 11.

[13] Allgemeine Gerichtsordnung in den preussischen Staaten. Erster Teil Prozeßordnung, Berlin 1795.

[14] Gönner, Handbuch, S. 189 ff.

[15] Grolmann, Theorie des gerichtlichen Verfahrens, S. 127 f.

ordnung zum Grund gelegte Maxime entgegen, welche Gönner passend die Untersuchungsmaxime nennt. Trefflich hat Gönner die Verschiedenheiten beider entwickelt und den wohlthätigen Geist der preussischen Gerichtsordnung ergriffen.

Ich möchte aber doch behaupten, daß die Untersuchungsmaxime nur durch Inkonsequenzen gehalten werden kann, und daß nur die Verhandlungsmaxime eine durchaus konsequente Entwicklung für den Zweck des prozessualischen Verfahrens zuläßt, und daß es weniger die Schuld dieser Maxime, als vielmehr der Richter, welche sie im Leben darstellen sollen, sey, wenn sie sich in diesem Leben freylich nicht immer wohlthätig äußert",

ergibt sich aus diesen Anmerkungen eine angesichts der seither geführten Diskussion, die bis heute nicht einmal hinsichtlich der einheitlichen Terminologie[16] — geschweige denn in der Sache — ein Ende gefunden hat, nur beklemmend zu nennende Aktualität.

Es läßt sich daher feststellen, daß seit der ersten differenzierten Darstellung des Gegensatzpaares „Verhandlungsgrundsatz-Untersuchungsgrundsatz" Streit sowohl über Wesen und Inhalt der Maximen als auch über die grundsätzliche Frage besteht, welches dieser Modelle dem Zweck des jeweiligen Prozesses am weitestgehenden gerecht wird.

Die oben schon angedeutete und noch genauer zu belegende Tatsache, daß im Verlaufe dieser wissenschaftlichen Kontroverse von Anfang an Grundpositionen eingenommen worden sind, die bis heute — von Nuancen abgesehen — keinen wesentlichen Änderungen zugänglich waren, beruht auf einem Irrtum der juristischen Forschung und Lehre, der, ohne den Ausführungen vorgreifen zu wollen, wie folgt darzustellen ist:

Die Befürworter des Verhandlungsgrundsatzes auf der einen, die des Untersuchungsgrundsatzes auf der anderen Seite nehmen jeweils für ihre Auffassung in Anspruch, daß es zwingende *rechtliche* Argumente für die Anwendung oder Einführung jeweils des einen wie des anderen Grundsatzes gäbe; bereits dieser Ansatzpunkt ist — jedenfalls unter Berücksichtigung der bisherigen Einschätzung der Prozeßmaximen — unzutreffend. Die verschiedenen Positionen sind vielmehr lediglich aufgrund unterschiedlicher rechts*politischer* Grundpositionen nicht miteinander zu vereinbaren.

Dieser Gesichtspunkt ist in der rechtswissenschaftlichen Diskussion zwar nicht vollends übersehen worden; so charakterisiert etwa *Jonas*[17] den Untersuchungsgrundsatz als eine Erscheinung „lückenloser Staatsfürsorge"[18], während Vertreter der Vorzüge des Verhandlungsgrund-

---

[16] Vgl. Bitter, Bay VBl. 1958, 41 f.
[17] DR 1941, 1697 f.
[18] Vgl. auch das oben angeführte Zitat von Grolman, Fn. 15, „Wolthätiger Geist der Preussischen Gerichtsordnung".

satzes pauschal als Anhänger liberaler[19] oder „typisch" individualistisch-liberaler Ideen und Anschauungen[20] bezeichnet werden.

Die gebotene Konsequenz jedoch wurde nicht gezogen; ohne hier auf die Frage einzugehen, ob die oben beschriebenen rechtspolitischen Zuordnungen zutreffend sind, kann zumindest festgestellt werden, daß in der bisherigen Diskussion vermieden worden ist, auf die Grundlagen der vertretenen Auffassungen, nämlich die rechtspolitischen Einsichten, abzustellen.

Die Bestrebungen, diesen Auffassungen in der Rechtswirklichkeit unter Heranziehung rechtlicher Argumentationsketten Geltung zu verschaffen, erreichten ihren Höhepunkt in den nach Auffassung des Verfassers nicht haltbaren Versuchen *Langs*[21], den de lege lata in § 86 Abs. 1 VwGO unmißverständlich eingeführten Untersuchungsgrundsatz parallel zu den materiell-rechtlichen Dispositionsbefugnissen der Beteiligten zu modifizieren[22]; auf die überdies aufgetretene Unsicherheit durch die weite Begriffsbestimmung Langs wurde oben[23] bereits eingegangen.

b) Übernahme des Untersuchungsgrundsatzes in die VwGO

Die vor der Schaffung der VwGO geltenden Verwaltungsgerichtsgesetze hatten — ebenso wie § 86 VwGO — die Geltung des Untersuchungsgrundsatzes vorgesehen[24].

Im Verlaufe des die Verwaltungsgerichtsordnung vom 21.1.1960 betreffenden Gesetzgebungsverfahrens kamen in keiner Weise Bestrebungen zum Ausdruck, diese rechtlichen Vorgaben nicht zu übernehmen; die Berichterstatterin *Kuchtner* bemerkte im schriftlichen Bericht des Rechtsausschusses des Bundestages[25] zu dem Entwurf des § 87 VwGO — heute § 86 VwGO — u.a.:

„Der Rechtsausschuß legte bei der Übernahme der Vorschriften der Regierungsvorlage über die Erforschung des Sachverhaltes von Amts wegen ...

---

[19] Vgl. Grunsky, Grundlagen, S. 169.
[20] Siehe dazu Jonas, DR 1941, 1697 f.
[21] VerwArch 52 (1961), 60 ff.; ihm weitgehend folgend Grunsky, Grundlagen, §§ 18, 19.
[22] Lang versucht, durch eine Verknüpfung von Merkmalen der Dispositionsmaxime mit solchen des Begriffspaares Verhandlungs-/Untersuchungsgrundsatz gleichsam „Einheitsmaximen" zu schaffen, die umfassend auf die Befugnis der Parteien (Beteiligten) zur Beeinflussung des Prozeßgegenstandes *und* -ablaufes abstellen.
[23] I. 1.
[24] Vgl. §§ 52 VGG Rhl.-Pf.; 38 BVerwGG; 63 Südd. VGG; 61 MRVO Nr. 165.
[25] Schriftlicher Bericht des Rechtsausschusses (12. Ausschuß) über den von der Bundesregierung eingebrachten Entwurf einer Verwaltungsgerichtsordnung (VwGO) sowie über den von der Bundesregierung eingebrachten Entwurf eines Gesetzes über die Beschränkung der Berufung im verwaltungsgerichtlichen Verfahren, BT-DS III/1094.

besonderen Wert auf die Feststellung, daß die Gerichte der Verwaltungsgerichtsbarkeit gegenüber Beweisanträgen der Beteiligten nicht ein völlig ungebundenes und freies Ermessen walten lassen dürfen. Es gelte vielmehr auch im Verwaltungsprozeß die in der Rechtsprechung allgemein anerkannte Regel, daß die Gerichte nichts unterlassen dürften, was zur vollständigen Aufklärung des Sachverhalts dienlich sei."

Dem § 86 Abs. 1 VwGO ähnliche, ebenso klare Vorschriften hinsichtlich der Geltung des Untersuchungsgrundsatzes finden sich in §§ 76 FGO, 103 SGG, 12 FGG, 244 Abs. 2 StPO; nach all diesen Bestimmungen hat das Gericht ohne Einschränkung den Sachverhalt zu erforschen[26].

c) Ausblick auf ausländische Rechtsordnungen

Die Unterscheidung zwischen Untersuchungs- und Verhandlungsgrundsatz ist auch außerdeutschen Rechtskreisen nicht unbekannt.

Nach § 54 Abs. 1 der Zürcherischen Zivilprozeßordnung ist es Sache der Parteien,

„dem Gericht das Tatsächliche des Rechtsstreits darzulegen. Dieses legt seinem Verfahren nur behauptete Tatsachen zugrunde."

Nach *Sträuli / Messmer*[27] beruht die gesetzliche Festlegung der Verhandlungsmaxime in der Zürcherischen ZPO auf der Überlegung, daß der Egoismus der Parteien und die Gegensätzlichkeit ihrer Interessen — nebst dem Gebot der Wahrheitspflicht — besser als eine staatliche Untersuchung (!) die vollständige Beibringung und Abklärung des ganzen Prozeßstoffes gewährleisten; diese Deutung ist insofern erstaunlich, als in der deutschen Rechtswissenschaft allgemein die entgegengesetzte Auffassung vertreten wird, gerade die konsequente Beachtung des Untersuchungsgrundsatzes biete die Gewähr dafür, daß dem Gericht der wahre, entscheidungserhebliche Sachverhalt lückenlos unterbreitet bzw. zugänglich wird[28].

Im schweizerischen Verwaltungsverfahren ist die Behörde — entsprechend der Rechtslage nach § 24 VwVfG — verpflichtet, von Amts wegen den Sachverhalt festzustellen und aufgrund dieses Sachverhalts zu entscheiden[29].

Auch im österreichischen Verwaltungsverfahren gilt der Untersuchungsgrundsatz in dem hier vertretenen Sinne[30].

---

[26] Vgl. Grunsky, Grundlagen, S. 167.
[27] Zürcherische ZPO, § 54 Rdn. 2.
[28] Vgl. Ule, Verwaltungsprozeßrecht, § 26; Tschira / Schmitt Glaeser, Verwaltungsprozeßrecht, S. 301 f.; Kopp, VwGO, § 86 Rdn. 1; Schunck / de Clerck, VwGO, § 86 Anm. 1 b; Eyermann / Fröhler, VwGO, § 81 Rdn. 1.
[29] Vgl. Fleiner-Gerster, Grundzüge, S. 14.
[30] Vgl. Walter / Mayer, Grundriß, S. 102 m.w.N.; zu beachten ist hier jedoch, daß im österreichischen Verwaltungsverfahrensrecht *neben* dem Unter-

1. Untersuchungsgrundsatz nach Literatur und Rechtsprechung 25

Der italienische c.pr.c.[31] von 1940 geht, wie auch das französische Zivilprozeßrecht, vom Leitbild der Verhandlungsmaxime aus[32]; ähnliches gilt für die österreichische ZPO[33].

Allerdings bestehen auch in diesen Rechtskreisen verschiedene Einschränkungen der Maxime — auf die Einzelheiten soll hier jedoch nicht eingegangen werden[34].

Im japanischen Recht wird zwar auch zwischen Untersuchungs- und Verhandlungsgrundsatz unterschieden; speziell im dortigen Verwaltungsprozeß jedoch ist der Untersuchungsgrundsatz lediglich bezüglich der Beweisaufnahme positiv-rechtlich geregelt[35]; im übrigen gilt eine schwer abgrenzbare Verweisung auf die ZPO:

„Die Institute des Verwaltungsprozesses, über die dieses Gesetz keine Bestimmungen erhält, folgen den Vorschriften des Zivilprozesses[36]."

Die Ähnlichkeit dieser Vorschrift mit § 173 VwGO ist unverkennbar[37].

d) Inhalt und Bedeutung des Untersuchungsgrundsatzes nach Maßgabe des § 86 VwGO

aa) Darstellung der bisher in der Literatur vertretenen Definitionen sowie Nachweis der Mißverständnisse und Widersprüche

Die oben beschriebenen terminologischen Unklarheiten werden von manchen Autoren bei der Auseinandersetzung mit den verschiedenen Auffassungen nicht berücksichtigt oder zumindest nicht mit dem gebührenden Stellenwert versehen[38]; dementsprechend muß die Darstellung des Meinungsstandes mit einer jeweils vorangestellten definitorischen Abklärung der verwandten Begriffe verbunden sein.

Bemerkenswert erscheint, daß die *Rechtsprechung* der *dogmatischen* Bewältigung der fraglichen Maximen verhältnismäßig wenig Beachtung

---

suchungsgrundsatz auch die Offizialmaxime gilt, und diese beiden Maximen von der österreichischen Rechtsprechung und juristischen Literatur daher enger verknüpft und überwiegend als Einheit behandelt werden. Vgl. weiter zur Definition der sogenannten „Amtswegigkeit" Schmelz, Handbuch, S. 100 sowie §§ 37, 39 des österr. allg. VwVfG.

[31] codice di procedura civile.
[32] Siehe hierzu Brüggemann, Judex statutor, S. 330 f.
[33] Vgl. Brüggemann, Fn. 32, S. 329.
[34] Es sei lediglich auf die Darstellung Brüggemanns, Fn. 32, S. 329 ff. hingewiesen.
[35] Vgl. Takabayashi, VerwArch 55 (1964), 359 ff.
[36] § 1 der Prozeßordnung für Verwaltungssachen v. 16.5.1962.
[37] Zum Umfang der Verweisung nach § 173 VwGO vgl. Kopp, VwGO, § 173 Rdn. 3; Redeker/von Oertzen, VwGO, § 173 Rdn. 2; Ule, Verwaltungsprozeßrecht, S. 526.
[38] Letztlich ist dies der Fehler Langs, VerwArch 52 (1961), 60, 62 ff.

zukommen läßt[39]; auf die *tatsächliche* Anwendung der Maximen in der Judikatur wird später eingegangen[40].

Gesetzlichen Niederschlag hat der Untersuchungsgrundsatz für den Verwaltungsprozeß in § 86 VwGO[41] gefunden. Die Regelung des § 86 Abs. 1 VwGO enthält drei Elemente, die in ihrem Zusammenspiel den Umfang der richterlichen Untersuchungspflicht festlegen:

— Das Gericht erforscht den Sachverhalt von Amts wegen (§ 86 Abs. 1 S. 1 Hs. 1 VwGO).

— Die Beteiligten sind bei der Sachverhaltsaufklärung heranzuziehen (§ 86 Abs. 1 S. 1 Hs. 2 VwGO).

— Das Gericht ist weder an das Vorbringen der Beteiligten noch an ihre Beweisanträge gebunden (§ 86 Abs. 1 S. 2 VwGO).

Trotz — oder gerade wegen — dieser knappen gesetzlichen Vorgaben ist insbesondere umstritten, in welchem Umfang die Mitwirkungsbefugnis der Beteiligten die richterliche Aufklärungspflicht beeinflußt:

Koehler[42] sieht die Bedeutung des in § 86 Abs. 1 S. 1 VwGO normierten Untersuchungsgrundsatzes zu Recht in der Verpflichtung des Gerichts, „von sich aus alles zu tun, um die für eine richtige rechtliche Beurteilung notwendigen Tatsachen zusammenzutragen"[43]; er kommt jedoch zu dem — mißverständlichen — Ergebnis, nach dem 2. Halbsatz des Satzes 1 in § 86 Abs. 1 VwGO herrsche auch im Verwaltungsgerichtsverfahren nicht der reine Untersuchungsgrundsatz, da das Gericht die Beteiligten zur Erforschung des Sachverhaltes heranzuziehen habe[44]; soweit *Koehler* daraus *pauschal* den Schluß zieht, die Beteiligten seien verpflichtet, „alle verfügbaren Tatsachen und Beweismittel vorzubringen", muß dem widersprochen werden:

Wie noch darzustellen sein wird[45], ist die erwähnte Formulierung in § 86 Abs. 1 S. 1 2. Hs. VwGO keineswegs als Einschränkung des Untersuchungsgrundsatzes zu sehen.

Eine ähnliche Auffassung wie *Koehler* vertreten *Schunck / de Clerk*[46]; danach soll die gerichtliche Aufklärungspflicht zumindest dann *enden*,

---

[39] Vgl. die Hinweise Bitters, Bay VBl. 1958, 41, 45 f. auf die tatsächlichen Folgen einer Verkennung der Dispositionsmaxime.
[40] Vgl. unten II. 1 d. bb.
[41] Vornehmlich Abs. 1 dieser Bestimmung.
[42] VwGO, § 86 A II 1 a.
[43] Fn. 42 unter Hinweis auf BVerwG v. 23.10.53 — MDR 1954, 394.
[44] Fn. 42.
[45] Siehe dazu unten S. 33 ff.
[46] VwGO, § 86 Anm. 1 b unter Hinweis auf OVG Münster, OVGE 16, 293 sowie die Rechtsprechung des BVerwG.

1. Untersuchungsgrundsatz nach Literatur und Rechtsprechung

wenn die Partei ihrer Mitwirkungspflicht nicht nachkommt. Auch diese Auffassung kann nicht unwidersprochen bleiben.

Differenzierter beurteilt *Kopp*[47] den etwaigen Verstoß der Parteien gegen die sie treffende Mitwirkungspflicht[48]:

> „Kommen die Beteiligten dieser Pflicht nicht nach, bedingt dies in gewissem Umfang eine Verringerung der Anforderungen an die Aufklärungspflicht des Gerichts und hat grundsätzlich zur Folge, daß die betroffenen Beteiligten insoweit das Recht verlieren, in der Revision eine Verletzung der Aufklärungspflicht des Gerichts zu rügen."

So zustimmungswürdig diese Auffassung im Ansatz ist, verkennt sie doch die Reichweite des § 86 Abs. 1 VwGO: Auch *Kopp*[49] trennt nicht ausreichend zwischen der Frage, wann und in welchem Umfang das Gericht eine Pflicht zur umfassenden Aufklärung des entscheidungserheblichen Sachverhalts trifft, und derjenigen danach, welche — vornehmlich revisionsrechtlichen — Folgen ein Verhalten des Gerichts hat, das sich — objektiv betrachtet — als Nichterfüllung dieser Pflicht darstellt; daß die Verletzung verfahrensrechtlicher Vorschriften durch das Gericht nicht notwendig mit einer revisionsrechtlichen Rügemöglichkeit seitens der durch dieses gerichtliche Fehlverhalten belasteten Partei einherzugehen braucht, wird außer Streit stehen[50].

Eine ähnlich unsachgemäße Verquickung zwischen Inhalt und Umfang der gerichtlichen Aufklärungspflicht einerseits und der Verpflichtung der Beteiligten andererseits, zur Sachverhaltsermittlung beizutragen, findet sich bei *Eyermann / Fröhler*[51]; zwar wird dort festgestellt, dem Satz in dem Urteil des *BVerwG* vom 6.12.1963[52] könne in seiner Allgemeinheit nicht gefolgt werden, „daß die Verpflichtung des Gerichts zur Erforschung des Sachverhalts auch nach § 138 Abs. 1 ZPO i.V.m. § 173 VwGO dort ihre Grenze finde, wo die Mitwirkungspflicht der Beteiligten einsetzt"[53].

Soweit *Eyermann / Fröhler*[54] neben der Äußerung von Bedenken gegen die entsprechende Anwendung des § 138 ZPO darauf hinweisen, daß die vom *BVerwG* aufgezeigte Grenze der Aufklärungspflicht keinesfalls dann gelten könne, wenn dem Gericht eine selbständige Möglichkeit zur

---

[47] VwGO, § 86 Rdn. 12.
[48] Dazu, daß die Mitwirkungspflicht zugleich ein Recht der Parteien darstellt, vgl. BVerwG 19, 94.
[49] Fn. 47.
[50] Vgl. nur zum Rügeverlust gem. §§ 295 ZPO, 173 VwGO BVerwGE 8, 149; 19, 234; 41, 174; BVerwG DVBl. 1961, 379.
[51] VwGO, § 86 Rdn. 3.
[52] NJW 1964, 786.
[53] Fn. 52.
[54] Fn. 51.

Aufklärung des Sachverhaltes zur Verfügung stehe[55], kann dem in vollem Umfang zugestimmt werden.

Unzutreffend dagegen und nur mit einer Verkennung des Untersuchungsgrundsatzes zu erklären ist die sich unmittelbar an die oben erwähnte Stellungnahme anschließende Auffassung[56]:

> „Jedoch ist dem BVerwG für den dort entschiedenen Fall zuzustimmen, denn es ist Sache der Partei, die von ihr für notwendig gehaltenen Beweisanträge zu stellen, und nicht Aufgabe des Gerichts, Beweise zu erheben, die die Partei vielleicht selbst nicht mehr für sachdienlich hält."

Dieser Wertung ist die Ansicht zu entnehmen, die Auffassung *der Beteiligten* von der Erheblichkeit „streitigen" Vorbringens habe einen Einfluß auf den Umfang der gerichtlichen Aufklärungspflicht; dies ist indessen nicht der Fall[57]. Inhalt des Untersuchungsgrundsatzes ist die *ausschließliche* und nicht beeinflußbare Verantwortung *des Gerichts* für die Sammlung und Wertung des Sachverhalts; ebensowenig wie die Beteiligten bestimmte Sachverhaltsvarianten durch übereinstimmenden Sachvortrag[58], Nichtbestreiten[59] oder ausdrückliche Geständnisse[60] fixieren und zur unübergehbaren Grundlage der begehrten Entscheidung machen können, kann ihr prozessuales Verhalten, etwa die Äußerung von Rechtsansichten, substantielle Auswirkungen auf die richterliche Verpflichtung haben, den Sachverhalt in eigener Verantwortung und lediglich unter Berücksichtigung der eigenen für richtig erachteten Rechtsauffassung entsprechend den tatsächlichen Möglichkeiten zu ermitteln.

Stimmten die bisher zitierten Autoren zumindest insoweit überein, als sie den Untersuchungsgrundsatz als die Prozeßmaxime definieren, die allein die Sammlung des Prozeßstoffes betrifft, durchbrach die bereits mehrfach zitierte Arbeit von *Lang*[61] diese nach Auffassung des Verfassers erfreuliche — weil der Rechtssicherheit dienende — Entwicklung:

In dem Bestreben, prozeßökonomischen und der Prozeßwirklichkeit entsprechenden Notwendigkeiten bereits de lege lata Geltung zu ver-

---

[55] Vgl. Fn. 51.
[56] Fn. 51.
[57] Vgl. zu den nachstehenden Feststellungen ausführlich unten S. 37 ff.
[58] Vgl. dazu Zöller / Stephan, ZPO, vor § 284 Anm. IV.2.
[59] Vgl. § 138 III ZPO; vgl. dazu auch Schneider, MDR 1968, 813 f.
[60] § 288 ZPO; vgl. zur geringen Bedeutung eines „Geständnisses" im Verwaltungsprozeß Kopp, VwGO, § 86 Rdn. 16; siehe auch zutreffend Baumbach / Lauterbach, ZPO, Einf. vor §§ 288—290, Anm. 4; Schunck / de Clerck, VwGO, § 86 Anm. 1 b cc; BVerwG JZ 1972, 119; Grunsky (Grundlagen, § 20 I, S. 189) will — von seinem Standpunkt aus konsequent — ein bindendes Geständnis immer dann zulassen, wenn die gestehende Partei materiell-rechtlich verfügungsbefugt ist.
[61] VerwArch 52 (1961), 60 ff., 175 ff.

1. Untersuchungsgrundsatz nach Literatur und Rechtsprechung

schaffen, änderte *Lang*[62] das gesetzlich vorgegebene[63] Bild des Untersuchungsgrundsatzes vollständig:

Mit der Begründung, außer der Unterscheidung Amts- oder Parteibetrieb[64] weise keine der anderen Prozeßmaximen eine strukturelle Eigenart auf, die es rechtfertige, sie getrennt von dem übrigen Problemkreis zu behandeln[65], allen anderen Prozeßinstituten sei es aber gerade gemeinsam, daß sie die Einflußmöglichkeit auf das sachliche Ergebnis des Prozesses bestimmten, mit dieser Begründung also rechtfertigt er seine äußerst weitgefaßte Definition der Verhandlungs- und der Untersuchungsmaxime[66].

Friesecke-Tackenberg[67] hat bereits frühzeitig angedeutet, daß bei einer derartigen Auffassung von Inhalt und Bedeutung der Prozeßmaximen deren Existenzberechtigung in Frage gestellt würde; wollte man mit *Lang*[68] pauschal davon ausgehen, in dem Falle, in dem die Parteien durch ihr prozessuales Verhalten[69] weitgehend gestaltend auf das Verfahren einwirken können, gelte der Verhandlungsgrundsatz, im anderen Falle, in dem diese Befugnisse den Parteien nicht zustehen, unterliege das Verfahren dem Untersuchungsgrundsatz, gewänne eine Anmerkung *Langs*[70] fatale Bedeutung:

„Im übrigen darf der wenig fruchtbare Streit um die Begriffe nicht überschätzt werden. Es handelt sich im wesentlichen um verschiedene Bezeichnungen für die gleiche Sache."

Zutreffend hieran ist ohne Zweifel, daß eine um ihrer selbst Willen geführte Diskussion hinsichtlich der Begriffe den Blick auf die eigentliche Problematik verstellt; diese gewiß zu billigende Erkenntnis verknüpft *Lang* jedoch mit einem folgenschweren Fehlschluß:

In der Tat betrifft der Streit um die Begriffe, betreffen die Begriffe selbst gerade nicht die „gleiche Sache"[71].

---

[62] Fn. 61.

[63] Nämlich unmittelbar aus § 86 Abs. 1 VwGO in Verbindung mit den noch darzustellenden verfassungsrechtlichen Vorgaben.

[64] Zu den Begriffen im überwiegend anerkannten Sinne vgl. Redeker / von Oertzen, VwGO, § 86 Rdn. 3: „Amtsbetrieb liegt vor, wenn die technischen Verfahrenshandlungen (Zustellungen, Ladungen usw.) vom Gericht vorgenommen werden, Parteibetrieb, wenn dies durch die Beteiligten (Parteien) geschieht."

[65] VerwArch 52 (1961), 62.

[66] Fn. 65.

[67] DVBl. 1961, 546 f.

[68] Fn. 65, S. 62 f.

[69] Vgl. im einzelnen Lang, Fn. 68.

[70] VerwArch 52 (1961), 62, Fn. 13.

[71] Fn. 70.

Langs Auffassung führt nicht zu einer zutreffenden definitorischen Präzisierung der Prozeßmaximen, insbesondere des gegensätzlichen Paares Verhandlungs-/Untersuchungsgrundsatz, sondern enthebt die Maximen vollständig ihrer Bedeutung.

Unter diesem Gesichtspunkt betrachtet erhellen auch die Zweifel an *Langs* Prämisse:

Die — unbestreitbare — Tatsache, daß die Prozeßinstitute sämtlich die Einflußmöglichkeit der Parteien und des Gerichts auf das sachliche Ergebnis des Prozesses bestimmen, rechtfertigt nicht die von *Lang* vorgenommene gleichsame Reduzierung auf zwei „Super-Maximen", sondern nötigt im Gegenteil zu einer verfeinerten Differenzierung zwischen den Maximen und den jeweils einzelnen von ihnen ausschließlich zugewiesenen Aufgaben.

Eine konsequente Umsetzung der Gedanken *Langs* in die Praxis[72] bedeutete die *Aufgabe* der Prozeßmaximen.

Man wird dem Verfasser vorhalten, die Aufrechterhaltung der Maximenlehre unter Überschätzung der dogmatischen Systematik zu propagieren[73]; dieser Vorwurf wäre indes unberechtigt: Abgesehen davon, daß es die Aufgabe der Rechtsdogmatik ist, „aus dem Gemenge das Gefüge hervorzuheben"[74], rechtfertigen, ja zwingen materiell-rechtliche Vorgaben zur differenzierten Analyse positiv-rechtlicher Zuweisung von prozessualen Pflichten, Lasten und Rechten[75].

Langs Definition der Prozeßmaximen muß daher als Zweckschöpfung bezeichnet werden; unter Nutzung und Zugrundelegung der weiten Maximendefinition fällt es nämlich nicht schwer, Befürworter der reinen Ausgestaltung von Prozeßmaximen im Einzelfall zu widerlegen[76].

Dementsprechend läßt sich unter Zuhilfenahme einer derartigen Definition der Regelungsgehalt einer positiv-rechtlichen Zuweisung von prozessualen Aufgaben[77] nahezu beliebig verändern.

Einen ähnlichen — wenn gleich konstruktiv abweichenden — Weg beschreitet *Grunsky*[78], indem er de lege lata — unter Außerachtlassung

---

[72] Vgl. dazu etwa Grunsky, Grundlagen, § 19 III, S. 176 f.

[73] Vgl. zu ähnlichen Bedenken das Vorwort Costedes, Studien zum Gerichtsschutz, S. 5.

[74] Fn. 73.

[75] Andernfalls ergäbe sich eine nicht zu rechtfertigende Diskrepanz zwischen der Bedeutung materiell-rechtlicher Positionen und den ihnen vom Gesetzgeber zugeordneten prozessualen Auswirkungen.

[76] Vgl. etwa Lang, VerwArch 52 (1961), S. 63 Fn. 3 und S. 64 Fn. 4; denn es ist offenbar, daß schwierige Beurteilungsfragen in Grenzfällen bei einer gleichsam flexiblen und „bedarfsorientierten" Definition der Verfahrensmaximen leicht und ergebnisgerecht entschieden werden können.

[77] Wie etwa in der Bestimmung des § 86 Abs. 1 VwGO.

1. Untersuchungsgrundsatz nach Literatur und Rechtsprechung

des eindeutigen Wortlautes des § 86 Abs. 1 VwGO — eine Möglichkeit annimmt, die Dispositionsbefugnis der Beteiligten hinsichtlich der streitigen Rechtsgüter in eine Wechselbeziehung zur Geltung der verschiedenen Prozeßinstitute zu setzen.

Grunsky[79] geht zwar zu Recht von einer engen Definition der Maxime aus:

„Wie die Dispositionsmaxime gibt auch der Verhandlungsgrundsatz den Parteien die Möglichkeit, das Verfahren entscheidend zu beeinflussen. Während es bei der Dispositionsmaxime um das ‚ob' und das ‚worüber' eines Rechtsstreits geht, regeln der Verhandlungs- und der Untersuchungsgrundsatz die Frage, wer dafür Sorge zu tragen hat, daß alles entscheidungserhebliche Material in den Prozeß eingeführt wird."

Diese Definition ist auch von unbestreitbarer Richtigkeit; zur Rechtfertigung des Verhandlungsgrundsatzes stellt *Grunsky* darauf ab[80] — insoweit ist ihm ebenfalls zu folgen — daß ein Zusammenhang zwischen materiell-rechtlicher Verfügungsbefugnis und Verhandlungsgrundsatz in der Form bestehe, daß es im Zivilprozeß überwiegend um Rechte gehe, über die Parteien verfügen könnten, und es daher interessengerecht sei, ihnen auch die Verantwortung zur Beschaffung des entscheidungserheblichen Tatsachenmaterials aufzubürden.

Aus dieser Vorgabe zieht *Grunsky*[81] nun den pauschalen, aber dennoch diskussionswürdigen Schluß, aufgrund der Zusammenhänge zwischen materiell-rechtlicher Verfügungsbefugnis und prozessualer Bestimmungen könne es „als zumindest de lege ferenda wünschenswert bezeichnet werden, den Verhandlungsgrundsatz immer dann, aber auch nur dann anzuwenden, wenn es um verzichtbare Rechtspositionen geht, während der Untersuchungsgrundsatz solchen Verfahren vorbehalten werden sollte, in denen die Parteien über das geltend gemachte Recht nicht verfügen können, was insbesondere dann der Fall ist, wenn öffentliche Interessen auf dem Spiel stehen".

Bedenklich allerdings wird der nächste Schritt *Grunskys*[82]:

„... gilt auch der Untersuchungsgrundsatz nicht in dem Umfang, den die §§ 86 VwGO, 70 FGO, 103 SGG und 12 FGG zunächst vermuten lassen. Zwar enthalten die erwähnten Bestimmungen keine in die aufgezeigte Richtung zielenden Einschränkungen, doch ist es zur Erzielung vernünftiger Ergebnisse zulässig, eine Norm einschränkend auszulegen. Soweit demnach eine materiell-rechtliche Verfügung zulässig ist, wird hier die Auffassung vertreten, daß insoweit der Verhandlungsgrundsatz zum Tragen kommt."

---

[78] Grundlagen, S. 163 ff.
[79] Grundlagen, S. 163.
[80] Grundlagen, S. 164.
[81] Grundlagen, S. 166.
[82] Grundlagen, S. 168.

II. Der Untersuchungsgrundsatz

Mit dieser Auffassung steht *Grunsky* trotz dogmatisch zutreffender Ausgangspunkte hinsichtlich des Ergebnisses in Einklang mit *Lang*[83], auf den er sich auch ausdrücklich bezieht[84].

Wie bereits oben[85] angesprochen, ist der Streit um Vor- und Nachteile der einen wie der anderen Maxime vornehmlich rechtspolitischer Natur; mit den oben zitierten Vorschlägen ist *Grunsky* der Versuchung erlegen, seinen Vorstellungen von einer engeren Beziehung zwischen materiellrechtlicher Verfügungsbefugnis und „entsprechenden" prozessualen Aufgabenverteilungen bereits im jetzigen Rechtszustand Geltung zu verschaffen.

Abgesehen davon, daß bereits der positiv-rechtliche Regelungszustand eine derartige Rechtsanwendung nicht zuläßt[86], dürften — für den Bereich des Verwaltungsrechtsstreits[87] — die praktischen Auswirkungen dieser Auslegung begrenzt bleiben: Dem Verwaltungsstreitverfahren liegen in erheblichem Umfang *Grundrechtspositionen* der betroffenen Bürger zugrunde; diese Rechtspositionen jedoch sind der Dispositionsbefugnis des Grundrechtsträgers weitgehend entzogen[88].

Grunskys Auffassung — letztlich auch die *Langs* — könnte daher nur in den Fällen Bedeutung erlangen, in denen unverzichtbare Grundrechtspositionen nicht im Streit stehen[89]; es fällt bereits schwer, lebensnahe Beispiele hierfür zu finden[90].

Da es überdies nicht denkbar — geschweige denn durchführbar — ist, *einen* Verwaltungsrechtsstreit in einen grundrechtsbezogenen und einen nichtgrundrechtsbezogenen Teil aufzuspalten[91], sowie ihn dementsprechend hinsichtlich des nichtdisponiblen Rechtsgutes dem Unter-

---

[83] VerwArch 52 (1961), 60 ff.

[84] Grunsky, Grundlagen, S. 168 Fn. 9.

[85] Vgl. II. 1. a.

[86] Auch Grunsky, Grundlagen, S. 168, kommt nicht an der Feststellung vorbei, der Wortlaut der §§ 86 VwGO, 76 FGO, 103 SGG und 12 FGG enthalte keine Einschränkung des Untersuchungsgrundsatzes.

[87] Grunsky bezieht seine Argumentation auch auf die Verfahren der freiwilligen Gerichtsbarkeit.

[88] Vgl. Maunz, Staatsrecht, S. 154; Schmidt-Bleibtreu / Klein, GG, vor Art. 1 Rdn. 7; einschränkend von Münch / Pappermann, GG, Art. 13 Rdn. 15.

[89] Fraglich ist allerdings die Rechtslage, wenn der Streitgegenstand unmittelbar von Grundrechtspositionen nicht berührt wird, dies aber für entscheidungserhebliche Vorfragen der Fall ist.

[90] Vorstellbar sind Fälle, in denen auf Leistung aus einem öffentlich-rechtlichen Vertrag geklagt wird (vgl. dazu allgemein Knack, VwVfG, § 54 Rdn. 3.2.1 ff. sowie Ule / Laubinger, Verwaltungsverfahrensrecht, S. 270 ff. m.w.N.).

[91] Falls zwei entsprechende — trennbare — Streitgegenstände vorliegen, handelt es sich in Wahrheit um zwei Verwaltungsprozesse (objektive Klagehäufung gem. § 44 VwGO, vgl. dazu Kopp, VwGO, § 44 Anm. 8).

suchungsgrundsatz bzw. bezüglich des der Parteiendisposition unterliegenden Rechtsgutes dem Verhandlungsgrundsatz zu unterwerfen, werden die praktischen Auswirkungen des Vorschlags von *Grunsky* nicht über die eines Denkmodells hinausgehen.

Lichtenberg[92] sieht eine Hauptaufgabe der Untersuchungsmaxime — die er im übrigen in dem hier vertretenen Sinne definiert — darin, zwischen dem beteiligten Bürger und der Behörde die prozessuale Waffengleichheit herzustellen[93]; unter Berücksichtigung des Informations- und Erfahrungsvorsprungs der Verwaltung[94] mag dies ein oftmals — insbesondere im Hinblick auf Artikel 3 Abs. 1 GG — erwünschter Nebeneffekt sein.

Zur Rechtfertigung des Untersuchungsgrundsatzes kann dieser Gesichtspunkt allerdings schon deshalb nur eingeschränkt herangezogen werden, weil der gesetzliche Auftrag an das Gericht, den Sachverhalt umfassend aufzuklären, nicht auf diejenigen Sachverhaltselemente beschränkt ist, die sich für den Bürger *günstig* auswirken oder auswirken können[95]; *faktisch* allerdings wirkt der Untersuchungsgrundsatz in der Tat günstig für die gebotene Waffengleichheit, da die Verwaltung *in der Regel* aufgrund ihres Informationsvorsprungs die dem Bürger ungünstigen Sachverhaltsmodalitäten auch ohne Aufklärungstätigkeit des Gerichts vortragen wird.

Ferner geht *Lichtenberg*[96] — in Übereinstimmung mit einer weit verbreiteten Meinung[97] — augenscheinlich davon aus, daß die Mitwirkung der Beteiligten bei der Tatsachenermittlung[98] gem. § 86 Abs. 1 S. 1, 2. Hs. VwGO eine Einschränkung des Untersuchungsgrundsatzes darstelle; daß dies nicht der Fall ist, wurde bereits erwähnt[99].

Soweit *Lichtenberg*[100] darüber hinaus die Bestimmung des § 82 Abs. 1 S. 2 VwGO zur Begründung dieser Auffassung heranzuziehen versucht,

---

[92] Waffengleichheit, S. 99 ff.
[93] Vgl. auch Lang, VerwArch 52 (1961), S. 70, 78; BVerwG v. 14.5.63, E 16, 94, 98; Maetzel, DöV 1966, 520; Lüke, JuS 1961, 41, 43; Menger, Staatsbürger und Staatsgewalt, Bd. II, 1963, S. 427, 434; Haverkämper, Grundlagen, S. 76 f.; zu den Bedenken gegen die Institutionen des Vertreters des öffentlichen Interesses im Hinblick auf das Gebot der Waffengleichheit siehe Naumann, DöV 1960, 361.
[94] Vgl. Lichtenberg, Waffengleichheit, S. 97.
[95] So zutreffend Grunsky, Grundlagen, S. 168 Fn. 11; vgl. dazu die Ausführungen Haverkämpers, Grundlagen, S. 76 f. zu verschiedenen positiv-rechtlichen Ausprägungen des Gebots der Waffengleichheit.
[96] Waffengleichheit, S. 101.
[97] Vgl. nur Kopp, VwGO, § 86 Rdn. 12; Redeker / von Oertzen, VwGO, § 86 Rdn. 11 f.; Meyer-Ladewig, SGG, § 103 Rdn. 7, 13, jeweils mit weiteren Nachweisen.
[98] Zur Mitwirkungspflicht der Beteiligten siehe Haueisen, NJW 1966, 764 f.
[99] Vgl. oben II. 1. d aa; siehe auch die Ausführungen sogleich.
[100] Fn. 96.

ist bereits sein Ausgangspunkt, die Angabe der Tatsachen und Beweismittel gehöre zum zwingenden Inhalt der Klageschrift, unzutreffend; die entsprechenden Angaben *sollen* lediglich in der Klageschrift enthalten sein[101], stellen also gerade keinen Teil des zwingenden Klageinhalts dar.

Abgesehen davon aber bedeutet die Auferlegung einer relativen Mitwirkungspflicht der Beteiligten nicht die Einschränkung des Prinzips der materiellen Wahrheit; *Klinger*[102] hat zutreffend ausgeführt, die durch § 86 Abs. 1 VwGO normierte Geltung der Untersuchungsmaxime bedeute, „daß es Aufgabe und Pflicht des Gerichts ist, von Amts wegen — ggf. unter Heranziehung der Beteiligten — den tatsächlich vorliegenden Sachverhalt, soweit er für die Entscheidung erheblich ist, zu erforschen und die nach seinem Ermessen erforderlichen Beweise zu erheben".

Diese Auffassung zielt zumindest insoweit in die zutreffende Richtung, als auf die „*Gehilfenstellung*" der Beteiligten im Hinblick auf die Sachverhaltsermittlung abgestellt wird; ähnlich dürfte *Ule*[103] zu verstehen sein, wenn er darauf hinweist, das Gericht könne und müsse, wenn es nicht in der Lage sei, „mit Hilfe der Beteiligten" den wahren Sachverhalt erforschen, eigene Ermittlungen anstellen.

Eine mittelbare Begrenzung der Aufklärungspflicht durch die Heranziehung und Mitwirkung der Beteiligten scheint auch *Haverkämper*[104] für gegeben zu halten.

Wenn er — nach der Feststellung, gem. § 86 Abs. 1 S. 1 VwGO liege eine echte Mitwirkung der Parteien vor — zwar zutreffend darauf hinweist, die Mitwirkungspflicht der Parteien entlasse das Gericht nicht aus seiner Verantwortung, unabhängig den Sachverhalt aufzuklären, danach jedoch ausführt:

„Der Umfang der Aufklärungspflicht kann, damit das Verfahren überhaupt entscheidungsreif wird, nur so verstanden werden, daß der Richter so weit verpflichtet ist, den Sachverhalt aufzuklären, als Anhaltspunkte für eine weitere Aufklärungsbedürftigkeit vorliegen",

deutet dies darauf hin, daß auch er eine in gewissen Fällen gegebene Berechtigung des Gerichts zu — bezüglich der Sachverhaltsermittlung — passivem Verhalten anerkennen will[105].

---

[101] Vgl. dazu Kopp, VwGO, § 82 Rdn. 11, nach dem bei Verletzung dieser prozessualen Mitwirkungspflicht und dem Fehlen anderer Anhaltspunkte für die Begründetheit der Klage diese als unbegründet abgewiesen werden könne; a.A. Redeker / von Oertzen, VwGO, § 82 Rdn. 9: u.U. Abweisung als unzulässig.

[102] VwGO, § 86 Anm. 1.

[103] Verwaltungsprozeßrecht, § 26 II S. 112.

[104] Grundlagen, S. 69.

[105] Ausführlich zur Aktivität des Richters im Prozeß — bezogen auf alle Gerichtszweige — Baur, in: Materialien zum ausländischen und internationalen Privatrecht, S. 187 ff.; vgl. ferner Baur, in: Rechtsschutz im Sozialrecht, S. 35, 37; vgl. ferner Baur, JBl. 1970, 445, 446 f.

1. Untersuchungsgrundsatz nach Literatur und Rechtsprechung

Die Frage nach dem sachlichen Geltungsbereich des Untersuchungsgrundsatzes hat *von Turegg*[106] insbesondere im Hinblick auf Rechtsstreitigkeiten gestellt, bei denen *nur* Subjekte des öffentlichen Rechts beteiligt sind, sowie auf solche Prozesse, in denen sich zwar Subjekte des privaten Rechts einerseits und andererseits solche des öffentlichen Rechts gegenüberstehen, die aber den Bereich „nichthoheitlicher Verwaltung"[107] betreffen, einen Bereich, in dem nach *von Turegg* der Hoheitsträger auf einseitige Hoheitsmaßnahmen verzichtet.

Während *Grunsky*[108] parallel zur materiell-rechtlichen Verfügungsbefugnis die Verhandlungsmaxime eingreifen lassen will, setzt *von Turegg* die entsprechende Differenzierung an der Unterscheidung zwischen „hoheitlicher" und „nichthoheitlicher" Verwaltung an. Angesichts der später geschaffenen Regelungen der §§ 40, 86 Abs. 1 VwGO mit ihrer eindeutigen Zuständigkeitsregelung und der gleichfalls uneingeschränkten Einführung des Untersuchungsgrundsatzes ohne Unterschied hinsichtlich der streitigen Rechtsverhältnisse bzw. der streitenden Rechtssubjekte haben die Ausführungen *von Tureggs* gewiß an Aktualität und konkreter Relevanz eingebüßt; de lege ferenda jedoch dürften sie — obwohl sie älter als das geltende Gesetz sind (!) — noch Beachtung finden können.

Abgesehen davon aber verdient die Auffassung *von Tureggs*[109] über die Geeignetheit der Untersuchungsmaxime — bezogen auf Rechtsstreitigkeiten über nichthoheitliche Verwaltung — vom Standpunkt der beteiligten Subjekte des privaten Rechts Interesse:

„Durch die Untersuchungsmaxime wird, von welcher Seite aus man die Dinge auch betrachten mag, der Einfluß der am Prozeß beteiligten Privatpersonen auf den Prozeßablauf verkleinert. Sie kann sich in manchen Situationen einem massierten oder konzentrierten Angriff der sich verbündenden Staatsgewaltfunktionen der Exekutive und der Justiz gegenübersehen."

Angesichts des verfassungsmäßigen Zwecks[110] der Gerichte im Rahmen der Verwaltungsgerichtsbarkeit mutet dieses Mißtrauen in der Tat befremdlich an.

Soweit ersichtlich werden in der neueren Literatur von keiner Seite entsprechende Bedenken vorgebracht; im Gegenteil wird zu Recht darauf hingewiesen, daß das verfassungsrechtliche Postulat der materiellen

---

[106] Festschrift für H. Lehmann, S. 852 f., 863 ff.
[107] Von Turegg, Festschrift für H. Lehmann, S. 864.
[108] Fn. 95.
[109] Festschrift für H. Lehmann, S. 865 unter Bezugnahme auf Knoll, Gutachten, S. 209 ff.
[110] Art. 92, 97 GG; vgl. in diesem Zusammenhang Maunz / Dürig / Herzog / Scholz, GG, Art. 92 Rdn. 31 ff.

Gerechtigkeit sowie das Sozialstaatsprinzip die Erhaltung des Untersuchungsgrundsatzes fordern[111].

bb) Tatsächliche Berücksichtigung des Untersuchungsgrundsatzes durch die Gerichte

α) Begrenzung der Aufklärungspflicht unter Berücksichtigung und Auswertung des Prozeßverhaltens der Beteiligten

Wie oben[112] bereits dargelegt, wird der theoretische Streit über Umfang, Sinn und praktische Auswirkungen des Untersuchungsgrundsatzes von der Rechtsprechung verhältnismäßig distanziert — oder oberflächlich — zur Kenntnis genommen und verwertet[113].

Mit einer gewissen Unbekümmertheit dagegen lassen insbesondere die Instanzgerichte in immer stärkerem Maße Elemente des Verhandlungsgrundsatzes in die Rechtsprechung einfließen.

An dieser Stelle soll zunächst nicht die Rede sein von den später[114] zu behandelnden und auf ihre Haltbarkeit zu untersuchenden ausdrücklichen Einschränkungen des Untersuchungsgrundsatzes durch die höchstrichterliche Rechtsprechung; gemeint sind vielmehr die Fälle der — meist recht beiläufig formulierten — richterlichen Feststellungen, für diesen oder jenen Gesichtspunkt habe der Kläger nichts vorgetragen, und sei auch sonst nichts ersichtlich[115].

Man kann nahezu wahllos einen Band der verschiedenen amtlichen Entscheidungssammlungen herausgreifen, um entsprechende Aussagen aufzufinden[116]. Ähnliche Passagen finden sich in Entscheidungen des *OVG Rhld.-Pfalz*[117].

---

[111] Vgl. allerdings Bachofs Hinweise auf Bedenken gegen die Verwendung des Ausdruckes „Richtermacht" in: Grundgesetz und Richtermacht, S. 7 ff.; zur Differenzierung der Richtermacht im Hinblick auf das materielle und Verfahrensrecht vgl. ferner Baur, Richtermacht, S. 97 ff.; siehe auch die zutreffenden Ausführungen Haverkämpers, Grundlagen, S. 84 f. sowie 88 ff.

[112] II. 1. d. aa.

[113] Zur — nach Auffassung des Verfassers allerdings nur scheinbaren — Unvereinbarkeit von reinen Prozeßmaximen und Prozeßwirklichkeit vgl. Bomsdorf, Prozeßmaximen, S. 170 ff.

[114] Vgl. sogleich.

[115] Billigend insoweit augenscheinlich Czermak, DRiZ 1964, 38, 42.

[116] Vgl. etwa OVG des Saarlandes, Beschluß vom 6.12.71, AS 12, 332, 332: „Für das Vorliegen einer solchen Vereinbarung sind hier aber keinerlei Anhaltspunkte ersichtlich, insbesondere hat die Beigeladene ... insoweit nichts vorgetragen, so daß auf weitere in diesem Zusammenhang auftretende Rechtsfragen nicht näher eingegangen zu werden braucht."

[117] Beschluß vom 16.5.72, AS 12, 363, 365: „... dies hat der Kläger zwar geltend gemacht, ohne jedoch im einzelnen darzutun, aus welchen besonderen Umständen er seine Befürchtungen herleitet"; ähnlich S. 367: „... beschränken sich seine Befürchtungen mit Bezug auf die Rückkehr in sein Heimatland auf unsubstantiierte Behauptungen."

1. Untersuchungsgrundsatz nach Literatur und Rechtsprechung

Wie schon erwähnt, hat die Rechtsprechung von Beginn an den Geltungsbereich des gesetzlich eingerichteten und vorgeschriebenen Untersuchungsgrundsatz restriktiv abgegrenzt. Einig sind sich Literatur und Rechtsprechung darüber, daß die gerichtliche Aufklärungspflicht Grenzen habe[118]; über die Konkretisierung dieser Grenzen besteht wenn auch kein Streit, so aber eine gewisse Uneinigkeit, die sich bei genauerer Betrachtung als Unsicherheit darstellt:

So wird die angenommene Grenze der Inquisitionspflicht nämlich vorwiegend kasuistisch — orientiert an den Notwendigkeiten des konkret zur Entscheidung stehenden Falles — fixiert, ohne daß allgemein gültige oder zumindest auf größere Teilgruppen anwendbare, abstrakt entwickelte Kriterien aufgestellt werden[119].

Das *BVerwG* hat zunächst[120] ohne Einschränkungen festgestellt, das Gericht habe von Amts wegen die für die Entscheidung erforderliche Aufklärung des Sachverhalts selbst vorzunehmen, wenn nach seiner Auffassung die tatsächlichen Unterlagen für die von ihm zu treffende Entscheidung auf Anfechtung eines Verwaltungsakts mit der verwaltungsgerichtlichen Klage nicht ausreichen.

In einem Urteil vom 4.7.1956[121] schränkte es diese Feststellung unter Zuhilfenahme des dem Verfahren zugrunde liegenden Streitgegenstandes insoweit ein, als das Verwaltungsgericht den Sachverhalt zwar von Amts wegen aufzuklären habe, dies jedoch „nur in dem zur Entscheidung des Rechtsstreits erforderlichen Umfange" gelte[122].

Dieser Auffassung ist schwerlich zu widersprechen, stellt sie doch eine Selbstverständlichkeit dar; soweit man davon ausgeht, daß das Institut des verwaltungsgerichtlichen Verfahrens zwar *auch* der objektiven Kontrolle der Verwaltung in erster Linie jedoch dem Individualrechtsschutz dient[123], kommen Sachverhaltsermittlungen, die lediglich einen Selbstzweck darstellen[124], nicht in Betracht. Die pauschale Abgrenzung

---

[118] Vgl. nur die Nachweise bei Kopp, VwGO, § 86 Rdn. 12; Redeker / von Oertzen, VwGO, § 86 Rdn. 11 f.; Meyer-Ladewig, SGG, § 103 Rdn. 7, 13.

[119] Eine Ausnahme stellt insoweit allerdings die Entscheidung des BVerwG v. 6.12.63, NJW 1964, 786, dar, nach der die Verpflichtung des Gerichts zur Erforschung des Sachverhalts auch nach § 138 Abs. 1 ZPO i.V.m. § 173 VwGO dort ihre Grenzen finde, wo die Mitwirkungspflicht der Beteiligten einsetze; vgl. dazu Eyermann / Fröhler, VwGO, § 86 Rdn. 3.

[120] Urteil v. 26.5.55, E 2, 135 f. zu § 61 MRVO 165, § 63 VGG.

[121] E 4, 20, 22 zu § 261 LAG.

[122] E 4, 22 zu § 261 LAG; vgl. auch BSG v. 22.9.1955, SozEntsch. BSG 1/4 § 103 Nr. 2 (STl): „Das Gericht braucht jedoch tatsächliche Umstände, die es für rechtlich unerheblich hält, nicht aufzuklären."

[123] Vgl. dazu auch Maunz / Dürig / Herzog / Scholz, GG, Art. 92 Rdn. 31, Art. 97 Rdn. 27; Lüke, JuS 1967, 1 m.w.N.

[124] Und auch nicht etwa zur Konkretisierung des Streitgegenstandes notwendig sind.

II. Der Untersuchungsgrundsatz

zwischen „Erforderlichkeit" und „Entbehrlichkeit" ist überdies schon deshalb unbrauchbar, weil sie das Nachzuweisende bereits begrifflich voraussetzt.

Eine nicht zu unterschätzende Einschränkung macht das *BVerwG* — allerdings mit gleichsam „faktischer" Argumentation — in einem Urteil vom 8.7.64[125]:

„Will ein Prozeßbeteiligter nicht Gefahr laufen, daß die Ungewißheit über eine Tatsache, die nach Erschöpfen der dem Gericht bekannten Erkenntnismöglichkeiten verbleibt, zu seinen Lasten geht, so muß er auch in einem Verfahren, das vom Untersuchungsgrundsatz beherrscht wird, die nur ihm bekannten Tatsachen und Erkenntnismöglichkeiten dem Gericht mitteilen."

Diese Auffassung ist insoweit nicht zu beanstanden, als die Prozeßbeteiligten — unter Hinweis auf die auch im Verwaltungsstreitverfahren[126] bestehende *materielle*[127] Beweislast[128] — im eigenen Interesse ihrer prozessualen Mitwirkungspflicht[129] nachzukommen haben; in diesem Sinne verstanden stellt sich die „Mitwirkungspflicht" in Wahrheit als „Mitwirkungslast"[130] dar.

Bei dieser mittelbaren Modifizierung des Untersuchungsgrundsatzes[131] ließ es das *BVerwG* jedoch nicht bewenden:

In dem erkennbaren Bestreben, die richterliche Aufklärungspflicht auf ein prozeßökonomisch vertretbares Maß herabzustufen, entschied es auf die Revision eines verklagten Bundeslandes, das gerügt hatte, das Berufungsgericht hätte von sich aus nach weiteren Aktenvorgängen bei

---

[125] E 19, 87, 94.

[126] Vgl. unter Heranziehung aller Prozeßordnungen Redeker, NJW 1966, 1777 ff.

[127] Vgl. zur Unterscheidung zwischen „subjektiver" und „objektiver" Beweislast Rosenberg, Die Beweislast, S. 41; siehe ferner Tietgen, Beweislast, S. 11.

[128] Vgl. die Nachweise bei Rosenberg, a.a.O., Fn. 5; zur Beweislast als Mittel der prozessualen Sachgestaltung siehe auch Sauer, Grundlagen, S. 200 f.; speziell für das Verwaltungsstreitverfahren siehe Michael, Die Verteilung der objektiven Beweislast im Verwaltungsprozeß; zum Begriff auch Blomeyer, Beweislast, S. 1 ff.; vgl. ferner Dubischar, JuS 1971, 385 ff. und Nierhaus, Bay VBl. 1978, 745 ff. (speziell zu Erstattungsfällen im Beamtenrecht).

[129] Kopp, VwGO, § 86, Rdn. 11, unter Hinweis auf BGH MDR 1978, 46 („Prozeßförderungspflicht"); vgl. für das Sozialgerichtsverfahren auch Menger, in: Rechtsschutz im Sozialrecht, S. 145, 149 ff., sowie Redeker, NJW 1966, 1777, 1778.

[130] Vgl. Meyer-Ladewig, SGG, § 103 Rdn. 13; siehe auch Sauer, Prozeßrechtslehre, S. 131; zu den Auswirkungen der Beweislast ferner Berg, Jus 1977, 23 ff.; Bernhardt, JR 1966, 322 ff.

[131] Prägnant formuliert Lüke (JZ 1966, 587, 589) die Unabhängigkeit von Untersuchungsgrundsatz und Beweislast: „Der Untersuchungsgrundsatz und sein Pendant, die Verhandlungsmaxime, haben mit der materiellen Beweislast nichts zu tun; sie regeln lediglich die Verantwortung für die Beschaffung der tatsächlichen Entscheidungsgrundlagen."

1. Untersuchungsgrundsatz nach Literatur und Rechtsprechung

den eigenen Behörden des beklagten Landes forschen müssen, wie folgt[132]:

„Jedenfalls dann, wenn es sich um die Frage handelt, in welchem Umfang Behörden des Klagegegners ... eigene Akten und Unterlagen ausgewertet haben, findet die Aufklärungspflicht des Gerichts gegenüber dem Klagegegner ihre Grenze an dessen Mitwirkungspflicht, die sich auf seine Pflicht zur sorgfältigen Berücksichtigung aller ihm zugänglichen Unterlagen schon im Verwaltungsverfahren gründet."

Eindeutig eine partielle Abkehr vom Untersuchungsgrundsatz stellt ein Urteil des *BVerwG* vom 30.7.76[133] dar, wenn in ihm ausgeführt wird:

„Da demnach das Vorbringen des beklagten Landes nicht ausreicht, den § 3 Abs. 1 S. 1 LBO für erfüllt zu halten, muß die Maßnahme antragsgemäß aufgehoben werden. Der Versuch einer gerichtlichen Sachaufklärung ist nicht veranlaßt. Er hätte mit Rücksicht auf das unzureichende Vorbringen des Beklagten keine Grundlage. Es ist Sache des einzelnen Prozeßbeteiligten ..., dem Gericht den Sachverhalt, aus dem er die für ihn günstigen Rechtsfolgen herleiten will, vollständig und richtig darzulegen ... Erst hierdurch wird dem Gericht die Möglichkeit eröffnet, die sachdienlichen Beweise zu erheben."

Dieser Ansicht hat sich *Ule*[134] in vollem Umfang angeschlossen.

Offenbar mißverstanden wurden in der Literatur dagegen zwei Entscheidungen des *BVerwG*[135], die sich mit der Frage befassen, inwieweit die Pflicht des Gerichts, den Sachverhalt von Amts wegen zu erforschen, dadurch verletzt wird, daß es von der Vernehmung eines vorhandenen oder sogar zur mündlichen Verhandlung *gestellten* Zeugen absieht.

In der kommentierenden Literatur[136] wird — mit gewissen Modifizierungen — aus diesen Entscheidungen der globale Schluß gezogen, gegen die Aufklärungspflicht werde deshalb auch nicht verstoßen, „wenn eine Beweisaufnahme nicht durchgeführt wird, welche die von einem Rechtsanwalt vertretene Partei nicht selbst beantragt hat, selbst wenn ein Zeuge anwesend ist ..."[137]

Eine genauere Betrachtung der zitierten Entscheidungen des *BVerwG*[138] jedoch führt zu dem Ergebnis, daß das Gericht *diese* Ein-

---

[132] Urteil v. 18.1.67, E 26, 30.
[133] DöV 76, 749, 751 unter Bezugnahme auf BVerwG v. 29.0.68, Buchholz 310 § 86 Abs. 1 VwGO Nr. 63, S. 85 f.; BVerwG v. 23.7.63, E 16, 241, 245; BVerwG v. 26.5.71, Buchholz, 310 § 86 Abs. 1 VwGO Nr. 81, S. 21 F.; BVerwG v. 30.8.73, Buchholz, 310 § 86 Abs. 1 VwGO S. 33; BVerwG v. 22.1.71, Buchholz, 310 § 86 Abs. 1 VwGO, Nr. 76, S. 17; BVerwG v. 12.9.72, Buchholz, 310 § 86 Abs. 1 VwGO, Nr. 86, S. 28 f. § 86 Abs. 1 VwGO.
[134] Verwaltungsprozeßrecht, § 26, S. 112.
[135] Urteil v. 8.4.63, DöV 1963, 820 f.; Beschl. v. 6.12.63, NJW 1964, 780 f.
[136] Vgl. nur Redeker / von Oertzen, VwGO, § 86 Rdn. 11; Kopp, VwGO, § 86 Rdn. 12; Eyermann / Fröhler, VwGO, § 86 Rdn. 3; Schunck / de Clerck, VwGO, § 86 Anm. 1 b bb.
[137] Vgl. Redeker / von Oertzen, VwGO, § 86 Rdn. 11.
[138] Fn. 120—122, 125, 132 f., 135.

II. Der Untersuchungsgrundsatz

schränkung des Untersuchungsgrundsatzes nicht vorgenommen hat; zweifelhaft ist allerdings, ob es sich der betreffenden Tragweite seiner Entscheidungen bewußt war oder ob es in der Tat den Entscheidungen gerade diejenige Bedeutung zuzumessen beabsichtigte, die ihnen von der Literatur[139] zugesprochen wird.

Im einzelnen:

In dem Urteil vom 8.4.63[140], auf das der Beschluß vom 6.12.63[141] ausdrücklich Bezug nimmt, hatte das *BVerwG* die Voraussetzungen, unter denen ohne Verletzung der richterlichen Aufklärungspflicht von der Vernehmung eines Zeugen nach seiner Auffassung abgesehen werden konnte, enger gefaßt, als es den oben erwähnten Kommentarzitaten zu entnehmen ist; *wörtlich* lautet die maßgebliche Passage[142] nämlich wie folgt:

> „Die gerichtliche Aufklärungspflicht wird nicht verletzt durch die Nichtvernehmung von Zeugen, wenn ihre Vernehmung nicht beantragt ist, und das Gericht hiervon absieht, weil es das Gegenteil der Tatsachen, die der Revisionskläger erst mit der im Revisionsverfahren geltend gemachten Rüge mangelhafter Sachaufklärung in ihr Wissen stellt, schon aus anderen Gründen als erwiesen angesehen hat; denn die Rüge, daß das Gericht den Sachverhalt nicht von Amts wegen erschöpfend aufgeklärt habe, kann nicht dazu dienen, Beweisanträge zu ersetzen, die die Partei selbst stellen konnte, aber zu stellen unterlassen hat."

An dieser Stelle mag unentschieden bleiben, ob tatsächlich eine derartige Freiheit des Gerichts in der Ausfüllung der ihm obliegenden Aufklärungspflicht besteht; festzustellen ist jedoch, daß das Gericht den Umfang der Ermittlungspflicht zu Recht aus der Sicht des Gerichts zum Zeitpunkt des Schlusses der mündlichen Verhandlung beurteilt. Wie noch näher ausgeführt werden wird[143], folgt aus der dem Gericht überbürdeten Pflicht, den Sachverhalt umfassend aufzuklären, die richterliche Befugnis, *alleinverantwortlich*[144] und nach *freier Überzeugung* festzustellen, ob und wann dieses entscheidungserhebliche Tatsachenmaterial umfassend zusammengetragen worden ist, also eine Entscheidung rechtfertigt[145].

---

[139] Siehe oben Fn. 136.
[140] DöV 1963, 886 f.
[141] NJW 1964, 786 f. am Ende.
[142] DöV 1963, 886.
[143] Siehe II. 2. a.
[144] Vgl. insbesondere die nachfolgenden Ausführungen zu Art. 19 Abs. 4 GG.
[145] Vgl. dazu zutreffend BSG v. 23.8.1957, KOV 1958, Rspr. Nr. 751, 753 (S. 1, 2): „Das Gericht bestimmt von seinem sachlich-rechtlichen Standpunkt aus nach freiem Ermessen (§ 128 SGG) den Umfang und die Art der nach § 103 SGG zu seiner Überzeugungsbildung notwendigen Ermittlungen."

1. Untersuchungsgrundsatz nach Literatur und Rechtsprechung

Allein in diesem Fall darf das Gericht daher — nach der zitierten Rechtsprechung des *BVerwG*[146] — von einer weiteren Sachverhaltsermittlung, etwa in Form einer Beweisaufnahme, Abstand nehmen; die fraglichen Entscheidungen sind daher nicht dergestalt zu verstehen, daß das Gericht abzuwarten berechtigt ist, ob etwa Beweisanträge gestellt oder mit rechtlicher Argumentation untermauerte Beweisanregungen vorgetragen werden, und — sollte dies nicht der Fall sein — die mündliche Verhandlung zu schließen, um *darauf* festzustellen, welcher Sachverhalt sich im Verlaufe des Rechtsstreits herauskristallisiert hat und welcher rechtlichen Beurteilung er zugänglich ist.

Dieses Entscheidungsschema entspräche in vollem Umfang dem Verhandlungsgrundsatz: Der von den Parteien vorgetragene Sachverhalt wird *vor* der Entscheidung durch das Gericht nur insoweit einer rechtlichen Beurteilung unterzogen, als es hinsichtlich der Notwendigkeit oder Entbehrlichkeit einer Beweisaufnahme über die Erheblichkeit des gegenseitigen streitigen Parteivorbringens zu befinden hat[147].

Der einzig zulässige und dem Untersuchungsgrundsatz entsprechende Weg der Rechtsfindung im Verwaltungsprozeß unterscheidet sich von den oben dargestellten Vorgängen grundlegend:

Kann dort der Richter das Tatsachenmaterial gleichsam „auf sich zukommen lassen"[148] und beschränkt sich seine Aufgabe zunächst mehr oder minder auf das Ordnen des vorgebrachten Tatsachenmaterials, besteht die ihm vorgeschriebene Tätigkeit im Verwaltungsprozeß[149] darin, vom Zeitpunkt der Klageerhebung an das für die Entscheidung über den ihm vorgegebenen Streitgegenstand[150] nach seiner freien Einschätzung notwendige[151] Tatsachenmaterial unter ständiger — begleitender — rechtlicher Würdigung alleinverantwortlich, unterstützt durch die Beteiligten[152], zusammenzustellen.

---

[146] DöV 1963, 886 f.; NJW 1964, 786 f.

[147] Dabei soll allerdings nicht verkannt werden, daß auch dieses Denkmodell in praxi verschiedenen Modifikationen zugänglich und unterworfen ist; vgl. insbesondere zu den Auswirkungen des § 139 ZPO Zöller / Steplan, ZPO, § 139 Anm. 1 m.w.N.

[148] Siehe Döhring, Erforschung, S. 9: „Geist amtlicher Gleichgültigkeit".

[149] Gleiches gilt für das sozial- und finanzgerichtliche Verfahren.

[150] Insoweit gilt die Dispositionsmaxime.

[151] Vgl. schon Berner, VerwArch 31 (1926), 428, 432; siehe auch BSG v. 28.1.1958, VersorgungsB 1958, 55: „Nach § 103 SGG hat das Gericht den Sachverhalt von Amts wegen zu erforschen. Welche Tatsachen es festzustellen hat, richtet sich nach seinem materiell-rechtlichen Standpunkt. Nach § 128 SGG entscheidet es nach freier, aus dem Gesamtergebnis des Verfahrens gewonnener Überzeugung."

[152] § 86 Abs. 1 S. 1 Hs. 2 VwGO.

II. Der Untersuchungsgrundsatz

Unter Berücksichtigung dieser Gesichtspunkte lassen sich die mehrfach erwähnten Entscheidungen des *BVerwG*[153] möglicherweise trotz der mißverständlichen Formulierungen mit dem Untersuchungsgrundsatz vereinbaren:

Sollten die Entscheidungen dergestalt zu verstehen sein, daß der Tatrichter nach seiner Überzeugung den *wahren Sachverhalt* festgestellt und keinen Anhalt dafür hatte, daß ihm noch unbekannte, jedoch entscheidungserhebliche Umstände vorlagen, begegnet die Nichterhebung eines möglichen Beweises — jedenfalls in bezug auf den Untersuchungsgrundsatz — nicht unbedingt[154] Bedenken.

Wie bereits angedeutet, darf jedoch angesichts der Tendenz der Rechtsprechung des *BVerwG*[155] zur Einschränkung des Untersuchungsgrundsatzes bezweifelt werden, daß das Gericht seine eigenen Entscheidungen in dem hier dargestellten Sinne verstanden wissen wollte.

Auch die neuere Rechtsprechung des *BVerwG* hat hinsichtlich dieser die Bedeutung des Untersuchungsgrundsatzes zurückdrängenden Tendenz keine Änderungen gebracht; lediglich *Kopp*[156] scheint eine Entscheidung des *BVerwG* vom 28.7.77[157] als Bestätigung eines weitest zu fassenden Untersuchungsgrundsatzes aufzufassen. Das soeben erwähnte Urteil des *BVerwG* vom 28.7.77 hat in dieser Hinsicht jedoch keine Änderung gebracht: Die Entscheidung befaßt sich vornehmlich mit der Frage nach den Voraussetzungen der Zurückweisung eines Beweisantrages sowie mit den Konsequenzen einer unzulässigen Vorwegnahme des Ergebnisses einer Beweisaufnahme[158].

Bezüglich seiner einschränkenden Rechtsprechung befindet sich das *BVerwG* in weitgehender Übereinstimmung mit dem *Bundessozialgericht* sowie dem *Bundesfinanzhof*[159]; das *Bundessozialgericht* allerdings hat bereits in einem Beschluß vom 7.6.56[160] denjenigen Gedanken aufgegriffen, der möglicherweise dem Urteil des *BVerwG* vom 8.4.63[161] ebenfalls zugrunde lag; es hat nämlich festgestellt, daß es dafür, ob das

---

[153] DöV 1963, 886 f.; NJW 1964, 786 f.
[154] Es sei denn, die Tatsachen hätten sich dem Gericht auch ohne Initiative der Beteiligten aufgedrängt, vgl. dazu BVerwG DöV 1962, 555; BVerwGE 25, 90.
[155] DöV 1963, 886 f.; NJW 1964, 786 f.
[156] VwGO, § 86 Rdn. 5.
[157] MDR 1978, 76 f.
[158] Vgl. MDR 1978, S. 77; siehe dazu auch BVerwGE 2, 329; BVerwG Bay VBl. 1971, 199; BVerwG DVBl. 1970, 464.
[159] Vgl. BFH v. 12.9.58, NJW 1959, 550 f. zur Aufklärungspflicht des Finanzamtes.
[160] DVBl. 1956, 583 f.
[161] DöV 1963, 886 f.

Berufungsgericht seine Pflicht, den Sachverhalt zu erforschen, nicht erfüllt und dadurch § 103 SGG verletzt habe, darauf ankomme, ob der dem Gericht zur Zeit der Urteilsfällung bekannte Sachverhalt von dem sachlich-rechtlichen Standpunkt des Gerichts aus zur Entscheidung ausgereicht habe oder zu weiteren Ermittlungen hätte drängen müssen. Nur soweit das Gericht zu dieser Zeit überzeugt gewesen sei, die Entscheidung des Rechtsstreits hinge von tatsächlichen Umständen ab, sei es verpflichtet gewesen, diese Umstände aufzuklären; diese Verpflichtung entfalle jedoch für Umstände, die das Gericht für unerheblich halte[162].

Abgesehen von dieser Entscheidung vertritt auch das *Bundessozialgericht* die Auffassung, das Gericht müsse nicht von sich aus in alle Richtungen ermitteln, sondern Nachforschungen seien nur erforderlich, soweit sie der Sachverhalt nahelege[163]; das Beteiligtenvorbringen könne — so lange es nicht mit der allgemeinen Lebenserfahrung im Widerspruch stehe[164] — auch alleinige Entscheidungsgrundlage sein.

In dieser Rechtsprechung ist, ähnlich wie in der des *BVerwG*[165] eine Abschwächung des Untersuchungsgrundsatzes unverkennbar.

β) Grund und Zweck der oben beschriebenen Rechtsprechung

Zur Rechtfertigung dieser Rechtsprechung werden in erster Linie prozeßökonomische Gesichtspunkte angeführt; *Meyer-Ladewig*[166] hat den Sinn einer derartigen Auslegung der §§ 86 Abs. 1 VwGO, 103 SGG deutlich wie folgt definiert:

„Ohne eine Beschränkung der Amtsermittlung wäre eine rationelle Erledigung des Verfahrens nicht möglich."

Diese Auffassung, die — soweit ersichtlich — sowohl in der Rechtsprechung als auch der Literatur unwidersprochen blieb, ist bereits vom Ansatzpunkt her unzutreffend und beruht auf einer grundsätzlichen Verkennung von Funktion und Grundlagen der Untersuchungsmaxime. Gerade eine konsequente Durchführung des Untersuchungsgrundsatzes in dem hier vertretenen Sinne fördert die zu Recht angestrebte rationale Erledigung des Verfahrens; wollte man mit der überwiegend vertretenen Auffassung eine Verkürzung des Verfahrens durch Einschränkung der gerichtlichen Ermittlungstätigkeit erreichen, bewirkte man durch diese Verfahrensabkürzung zugleich eine Verkürzung des Rechtsschutzes; denn eine rationelle Verfahrensbearbeitung soll keine möglichst schnelle

---

[162] Vgl. dazu auch BVerwG v. 10.6.55, MDR 1955, 694.
[163] Vgl. BSG SozR § 103 Nr. 3.
[164] BSG SozR § 128 Nr. 56.
[165] Siehe oben.
[166] SGG, § 103 Rdn. 7.

und damit notgedrungen oberflächliche Erledigung des Rechtsstreits darstellen:

Eine sorgfältige und umfassende Bearbeitung hat nämlich auch den wünschenswerten Effekt der *Befriedung* der Parteien und bestimmt die Beteiligten überdies, von aussichtslosen Rechtsmitteln Abstand zu nehmen[167].

2. Darlegung und Begründung der hier vertretenen Auffassung von der Geltung eines „reinen" Untersuchungsgrundsatzes

a) Umfang des Untersuchungsgrundsatzes

aa) Begriffsbestimmung

Wie bereits mehrfach angesprochen, kann eine Eingrenzung von Umfang und Bedeutung des Untersuchungsgrundsatzes dann nicht sinnvoll vorgenommen werden, wenn die bestehenden terminologischen Unklarheiten nicht beseitigt werden.

In erster Linie müssen definitorische Überlagerungen zwischen Verhandlungs- und Dispositionsmaxime einerseits sowie Untersuchungsgrundsatz und Offizialprinzip andererseits vermieden werden; die definitorisch scharfe Abgrenzung der Maximen als solche muß unabhängig von der Frage vorgenommen werden, ob die *Anwendung* der Prinzipien unter ähnlich scharfer Abgrenzung vorgenommen werden soll. Insoweit irrt *Lang*[1], wenn er definitorische und anwendungsmäßige Abgrenzung miteinander in Berührung bringt. Selbst wenn man mit *Lang*[2] der Auffassung von *Jonas*[3] folgen wollte, die reinen Maximen seien „Gegenpole, gewissermaßen Zerrbilder, wie man den Prozeß unvernünftig regeln könnte", erspartes dies nicht eben diese „extrem" durchgeführte terminologische Abgrenzung; dies gilt nicht zuletzt schon deshalb, weil inhaltliche Unklarheiten teilweise auch aufgrund der uneinheitlichen Begriffsverwendung aufgetreten sind.

Dies vorausgeschickt, ist festzuhalten, daß der Untersuchungsgrundsatz *ausschließlich* die Frage der Sammlung des für die Entscheidung notwendigen *Tatsachenmaterials* betrifft[4].

---

[167] Zur Befriedungsfunktion des Zivilprozesses vgl. auch Gaul, AcP 168 (1968), 27, 39 f.

[1] VerwArch 52 (1961), 60, 63.

[2] Fn. 1.

[3] DR 1941, 1697, 1698.

[4] Vgl. Meyer-Ladewig, SGG, § 103 Rdn. 1; Kopp, VwGO, § 86 Rdn. 1; Schunck / de Clerk, VwGO, § 86 Anm. 1 a aa; Eyermann / Fröhler, VwGO, § 86 Rdn. 1; Redeker / von Oertzen, VwGO, § 86 Rdn. 1 u. 7; Köhler, VwGO, § 86 Anm. A II 1 a; Grunsky, Grundlagen, § 18 S. 163; Damrau, Entwicklung, S. 19 m.w.N.; anderer Ansicht Lang, VerwArch 52 (1961), S. 62 f.; vgl. weitere Nachweise bei Friesecke-Tackenberg, DVBl. 1961, 546 f.

2. Der „reine" Untersuchungsgrundsatz

So erfreulich die Tatsache eines insofern bestehenden „Minimalkonsenses" ist, so darf noch nicht übersehen werden, daß die verwendete verhältnismäßig klare Abgrenzungsformel die Ursachen weiterer Unsicherheiten birgt:

Zur Charakterisierung des Untersuchungsgrundsatzes wird hauptsächlich darauf abgestellt, daß die Klärung „des Sachverhalts"[5] bzw. des „für die Entscheidung erheblichen Sachverhaltes"[6] dem Gericht obliege.

Genauere Angaben darüber jedoch, was unter „dem" oder „dem für die Entscheidung erheblichen" Sachverhalt zu verstehen ist, werden unterlassen[7]. Dies stellte zwar dann keinen Nachteil dar, wenn eine allgemeine — stillschweigende — Übereinstimmung über die Tragweite dieses Begriffes bestünde; dies ist indessen nicht der Fall: Gerade wegen der fehlenden Festlegung „des" Sachverhaltes müssen oberflächliche Versuche scheitern, unter Heranziehung dieses Begriffes den Umfang der gerichtlichen Aufklärungspflicht abzustecken.

bb) Inhalt des „reinen" Untersuchungsgrundsatzes

Der dieses Scheitern verursachende Fehler liegt darin, daß entweder[8] die Begriffsmerkmale der verschiedenen Maximen aufgrund zweckorientierter Argumentation miteinander vermischt werden oder aber übersehen wird, daß sich die zwei wichtigsten Maximen des Verwaltungsprozesses, die Dispositionsmaxime und der Untersuchungsgrundsatz[9], *in einem Punkt* berühren:

Ausgangs- und Zentralpunkt eines jeden Verwaltungsrechtsstreits[10] ist der *Streitgegenstand*[11]. Es ist nicht Aufgabe dieser Untersuchung, den vielfältigen Streitfragen in Zusammenhang mit Wesen und Bedeutung des Streitgegenstandes nachzugehen; in dem hier interessierenden Kontext ist jedoch festzuhalten, daß nach der überwiegenden, in Literatur und Rechtsprechung vertretenen, Auffassung unter dem Streitgegenstand der prozessuale Anspruch zu verstehen ist, nämlich das vom Kläger aufgrund *eines bestimmten Sachverhaltes* an das Gericht gerichtete

---

[5] Kopp, VwGO, § 86 Rdn. 1.
[6] Schunck / de Clerk, VwGO, § 86 Anm. 1 a aa.
[7] Vgl. Fn. 5 und 6.
[8] Siehe Lang, VerwArch 52 (1961), S. 62 f.
[9] Ähnliches gilt in abgemilderter Form für Dispositionsmaxime und Verhandlungsgrundsatz im Zivilprozeß.
[10] Entsprechendes gilt für die Rechtsstreitigkeiten aller anderen Gerichtszweige.
[11] Vgl. zum Begriff allgemein Habscheid, Der Streitgegenstand, S. 99 ff. mit umfangreichen Nachweisen; siehe auch Hesselberger, Die Lehre vom Streitgegenstand, S. 167 ff.

II. Der Untersuchungsgrundsatz

Begehren um Rechtsschutz durch Erlaß eines Urteils mit einem bestimmten Inhalt[12].

Wenngleich der hinsichtlich der Einzelheiten umstrittene[13] Begriff des Streitgegenstandes[14] bezüglich der einzelnen Klagearten differenziert zu fassen ist —

„bei der Anfechtungsklage ist Streitgegenstand die Behauptung des Klägers, der Verwaltungsakt sei rechtswidrig und greife in seine Rechtssphäre ein bzw. verletzte seine Rechte (§ 113 Abs. 1 S. 1).

Streitgegenstand der Verpflichtungsklage ist die Behauptung des Klägers, die Ablehnung oder Unterlassung des Verwaltungsaktes sei rechtswidrig, und er werde dadurch in seinen Rechten verletzt (§ 113 Abs. 4 S. 1).

Bei der Feststellungsklage geht es um die Behauptung, ein bestimmtes Rechtsverhältnis bestehe oder bestehe nicht oder ein Verwaltungsakt sei nichtig (§ 43 Abs. 1) und bei der anderen Leistungsklage schließlich um die Behauptung, der Kläger sei in einem Recht auf ein bestimmtes Tun, Dulden oder Unterlassen verletzt"[15] —

beinhaltet er *ein* unverzichtbares Element:

Der Kläger muß, um seiner Pflicht zur Konkretisierung des Streitgegenstandes[16] zu genügen, ein *Mindestmaß an Sachverhaltsangaben* vortragen.

Die oben angesprochene Verbindung zwischen Dispositionsmaxime und Untersuchungsgrundsatz besteht nun in folgendem:

Diese Pflicht des Klägers zur Sachverhaltsangabe ist *allein* im Dispositionsgrundsatz begründet und von der Untersuchungsmaxime grundsätzlich unabhängig; die dem Kläger aufgrund des Dispositionsgrundsatzes obliegende *Handlung* jedoch (Vortrag von Sachverhalt) ist — formal betrachtet — gerade dasjenige prozessual erhebliche Verhalten, das dem Maximenpaar Verhandlungs-Untersuchungsgrundsatz unterfällt[17].

Diese äußerliche, nicht wesensmäßige Verknüpfung der beiden Maximen führt zu den bekannten terminologischen und sachbezogenen Unsicherheiten; es ist schwierig, für ein und dasselbe Verhalten — Vortragen von Sachverhalt — gleichsam eine interne Grenze zu ziehen, die zwischen der Qualität des vorgetragenen Sachverhalts als „Noch-Streitgegenstandskonkretisierung" und der als „Schon-Sachverhaltsvortrag" scheidet.

---

[12] Vgl. nur Kopp, VwGO, § 90 Rdn. 7.
[13] Grunsky, Grundlagen, S. 26 ff.
[14] Siehe auch für das finanzgerichtliche Verfahren Balzer, NJW 1966, 1337 ff.
[15] Tschira / Schmitt Glaeser, Verwaltungsprozeßrecht, S. 69.
[16] Vgl. § 82 VwGO; siehe auch Bettermann, DVBl. 1953, 163 ff.
[17] Etwas mißverständlich Jauernig, Verhandlungsmaxime, S. 23 f.

2. Der „reine" Untersuchungsgrundsatz

Die gebräuchliche Definition des Untersuchungsgrundsatzes als Maxime, die dem Gericht die Erforschung des relevanten Sachverhalts vorschreibt, ist deshalb unpraktikabel und wird überdies der wahren Bedeutung dieses Prozeßinstituts nicht gerecht; eine zutreffende Charakterisierung der Maximen wird erreicht, wenn man anstelle der *Auswirkungen* der Prinzipien — etwa die Verpflichtung zur Sachverhaltsermittlung — ihren *Sinn und Zweck* in den Vordergrund der Betrachtung stellt: Die Ermittlung des Sachverhalts von Amts wegen ist nicht *Zweck* der Untersuchungsmaxime, sondern eine ihrer *Folgen*.

Liegt aber der Sinn der Inquisitionsmaxime nicht in der Amtsermittlung als solcher, ist nach ihrer eigentlichen Zweckbestimmung zu fragen.

Haverkämper[18] hat in seiner Untersuchung über die verfassungsrechtlichen Grundlagen der Maximen des Verwaltungsprozeßrechts überzeugend dargelegt[19], daß sowohl der Gleichheitsgrundsatz (Art. 3 Abs. 1 GG) als auch das Rechtsstaatsprinzip (Art. 20 Abs. 3 GG), das Prinzip der Gewaltenkontrolle (Art. 20 Abs. 2 u. 3 GG) und nicht zuletzt das Sozialstaatsprinzip (Art. 20 Abs. 1 GG) eine Beibehaltung der Untersuchungsmaxime im Verwaltungsprozeß erfordern.

Zu Recht kommt *Haverkämper*[20] zu dem Ergebnis, das Rechtsstaatsprinzip sei eine verfassungsrechtliche Grundlage der Inquisitionsmaxime, „die das Vorhandensein des Untersuchungsgrundsatzes im Verwaltungsprozeß unter dem Aspekt des öffentlichen Interesses, insbesondere der materiellen Gerechtigkeit und Verwaltungskontrolle, rechtfertigt".

Im gleichen Maße, wie die Feststellung zutreffend ist, entbehrt sie der Vollständigkeit:

Auch unter Zugrundelegung dieser verfassungsrechtlichen Verifizierung läßt sich der genaue Umfang des Untersuchungsgrundsatzes, und die von manchen[21] angenommene Möglichkeit, ihn auch im Verwaltungsprozeß zurückzudrängen, nicht exakt bestimmen; denn die Tatsache, daß verfassungsrechtliche Vorgaben die *Amtsermittlung als solche* im Verwaltungsstreitverfahren unentbehrlich machen, sagt nichts darüber aus, in welcher Form und welchem Umfang das Gericht diese Amtsermittlung zu betreiben hat, um seiner diesbezüglichen Pflicht in vollem Umfang Genüge zu tun.

---

[18] Grundlagen.
[19] Vgl. Grundlagen, S. 74 ff.
[20] Grundlagen, S. 96; ferner siehe zum Gleichheitsgrundsatz, insbesondere unter dem Aspekt der Waffengleichheit im Prozeß Bötticher, Die Gleichheit, S. 9 ff.
[21] Vgl. nur Lang, VerwArch 52 (1961), S. 62 f. und Grunsky, Grundlagen, S. 26 ff.

II. Der Untersuchungsgrundsatz

Die Zweckbestimmung des Untersuchungsgrundsatzes und seine konkrete Ausgestaltung müssen daher von der verfassungsrechtlichen Grundlage unmittelbar ausgehend betrachtet werden; *Haverkämpers*[22] Bemühungen verdienen insoweit besondere Anerkennung, als er die bestehenden verfassungsrechtlichen *Bezüge* zum Institut des Untersuchungsgrundsatzes aufgezeigt hat; eine *Begriffsklärung* war damit jedoch nicht verbunden. Dies hat seinen Grund darin, daß *Haverkämpers*[23] Untersuchungen vornehmlich vom Standpunkt des der Behörde gegenüberstehenden Bürgers vorgenommen worden sind und Funktion sowie Stellung der staatlichen *Gerichte* zu wenig Beachtung fanden.

Im einzelnen:

Art. 19 Abs. 4, 20, 92, 97 GG erfordern[24] — in ihrer Gesamtschau — die volle Unabhängigkeit und Alleinverantwortlichkeit des Gerichts, das Verwaltungshandeln zu kontrollieren hat[25].

Wenngleich das bestehende System des verwaltungsgerichtlichen Rechtsschutzes vornehmlich auf dem Prinzip des Individualrechtsschutzes basiert[26], darf die objektive Kontrollfunktion verwaltungsgerichtlicher Rechtsprechung nicht verkannt werden[27]. Unter Berücksichtigung dieses Ausgangspunktes läßt sich der Untersuchungsgrundsatz als die Verfahrensmaxime definieren, die dem Gericht — neben der ihm stets obliegenden Verantwortung für die Rechtsanwendung — die alleinige Verantwortung für die Schaffung der Urteilsgrundlage zuordnet[28].

Wie sich noch zeigen wird, ermöglicht eine Bestimmung auf Grundlage dieses Ausgangspunktes eine weitgehende Klärung und Definition der hier zur Untersuchung stehenden Prozeßmaxime.

Zunächst soll jedoch die eingangs vorgenommene Verknüpfung der Artikel 19 Abs. 4, 20, 92 u. 97 GG einer genaueren Betrachtung unterzogen werden.

---

[22] Fn. 20.

[23] Fn. 20.

[24] Es dürfte unbestritten sein, daß der grundrechtliche Effekt unmittelbarer Verfahrensdetermination den Inhalt prozessualer Bestimmungen zielgerecht festlegen kann (siehe Lorenz, NJW 1977, 865 ff.).

[25] Vgl. allgemein zur „Verrechtlichung der Chancen im Prozeßrecht" Scholler, Die Interpretation des Gleichheitssatzes, S. 18 f.

[26] Vgl. Bender, DöV 1976, 584; Schmidt, DöV 1976, 577.

[27] Vgl. auch die umfangreichen Nachweise bei von Mutius, VerwArch 64 (1973), 311 ff.

[28] Vgl. auch Kummer, Grundriß, S. 64 f.

cc) Verfassungsrechtliche Vorgaben

a) Art. 19 Abs. 4 GG[29] und das Erfordernis richterlicher Alleinverantwortlichkeit

Hinsichtlich des „prozessualen Grundrechts"[30] gem. Art. 19 Abs. 4 GG[31] besteht weitgehende Einigkeit darüber, daß es einen möglichst lückenlosen und effektiven gerichtlichen Schutz[32] gegen Verletzungen der Rechtssphäre des Einzelnen durch Eingriffe der öffentlichen Gewalt garantiert[33]; obwohl die genaue Reichweite dieses Grundrechts noch Gegenstand eines lebhaften Meinungsstreits ist[34], kann als gesicherte Erkenntnis angesehen werden, daß *Rechtsweg* im Sinne der vorliegenden Verfassungsbestimmung jeder Rechtsweg ist, „d.h. jede verfahrensrechtliche Möglichkeit, Streitsachen der Entscheidung eines unabhängigen Gerichts zu unterbreiten, wobei die nähere Ausgestaltung des ‚Zugangs zum Gericht' dem einfachen Recht überlassen werden kann"[35].

Wenngleich Art. 19 Abs. 4 GG weder einen Instanzenzug[36] noch die Durchführung einer mündlichen Verhandlung[37] garantiert, ist entscheidend, daß der Rechtsweg im Sinne dieser Bestimmung[38] der Weg zu den *Gerichten* als staatliche Institutionen, die den Grundsätzen der Artikel 92 und 97 GG genügen müssen, bedeutet[39].

---

[29] Zur Entstehung des Art. 19 Abs. 4 GG umfassend Klein, VVdStRL 8 (1950), 67, 78 ff.; siehe in diesem Zusammenhang zur geschichtlichen Entwicklung der Verwaltungsgerichtsbarkeit v. Unruh, DVBl. 1975, 838 ff.

[30] Vgl. Hamann / Lenz, 66, Art. 19, Anm. 12; zu den Folgerungen aus der Rechtsweggarantie des Art. 19 Abs. 4 im Hinblick auf das außergerichtliche Verwaltungsverfahren vgl. Kopp, Verfassungsrecht und Verwaltungsverfahrensrecht, S. 148 ff.; vgl. ferner Maunz / Dürig / Herzog / Scholz, GG, Art. 1 Abs. 1 Rdn. 12.

[31] Zu den Rechtsschutzgarantien der Weimarer Reichsverfassung vgl. Leibholz, Die Gleichheit vor dem Gesetz, S. 115 ff.; vgl. zur Reichweite des Art. 19 Abs. 4 GG auch Trautmann, MDR 1971, 173, 175.

[32] Zum Umfang des Gebotes der Lückenlosigkeit und Effektivität des Rechtsschutzes vgl. v. Mutius, Widerspruchsverfahren, S. 142 m.w.N.

[33] Vgl. BVerfGE 8, 326; 15, 282; 25, 365; 35, 401 ff.; 37, 150 ff.; 40, 42 ff.; 40, 274 m.w.N.; siehe weiter Lorenz, Der Rechtsschutz des Bürgers und die Rechtsweggarantie, S. 11 ff.

[34] Vgl. insoweit die Darstellung des jeweiligen Meinungsstandes in der umfassenden Untersuchung Buermeyers (Rechtsschutzgarantie).

[35] Schmidt-Bleibtreu / Klein, GG, Art. 19 Rdn. 18 unter Hinweis auf BVerfGE 37, 93 ff.; 37, 150 ff.; 40, 237 ff.

[36] Vgl. zur Frage der Instanzverkürzungen im Verwaltungsprozeß Maetzel, DöV 1977, 626 ff.; siehe zur neuesten Umgestaltung des verwaltungsgerichtlichen Instanzenzuges Martens, ZRP 1977, 209, 211; siehe ferner BVerfGE 4, 94 f., 211 f.; 411 f.; 0, 12; 8, 180; 11, 233; in diesem Zusammenhang auch Ule, DVBl. 1959, 537, 538 f.

[37] BVerfGE 11, 234.

[38] Vgl. zur Rechtslage der vorkonstitutionellen Zeit Aldag, Die Gleichheit, S. 98 ff.

[39] Vgl. BVerfGE 4, 94, 343; 11, 233; BVerwGE 16, 292.

II. Der Untersuchungsgrundsatz

Gerichte in diesem Sinne[40] sind von der gesetzgebenden und vollziehenden Gewalt geschiedene (Art. 20 Abs. 2 GG), unabhängige und nur dem Gesetz unterworfene (Art. 92, 97 GG) staatliche Organe der rechtsprechenden Gewalt[41].

Zur Verdeutlichung der Wechselbeziehungen zwischen Art. 19 Abs. 4 GG[42] und dem hier vertretenen Erfordernis eines „reinen" Untersuchungsgrundsatz sei auf folgendes hingewiesen: Die Unabhängigkeit des Gerichts im Sinne des Art. 19 Abs. 4 GG beschränkt sich nicht auf die funktionale und organisatorische Trennung zwischen rechtsprechender und vollziehender Gewalt sowie die Weisungsunabhängigkeit der Gerichte gegenüber der Verwaltung[43]; elementarer Bestandteil dieser Unabhängigkeit ist auch die *Alleinverantwortlichkeit* für die „Richtigkeit"[44] der Entscheidungen[45].

Dieser Gesichtspunkt hat bisher nicht die ihm gebührende Beachtung gefunden; der konkrete Berührungspunkt mit dem Untersuchungsgrundsatz ist die Frage, in welchem Umfang dem angerufenen Gericht die Nachprüfung etwa des angefochtenen Verwaltungsaktes ermöglicht werden muß.

Ansatzpunkte für die hier vertretene Auffassung finden sich bei *Dürig*[46]:

„Der in Art. 19 Abs. 4 vorgesehene Rechtsweg muß eine vollständige Nachprüfung des Verwaltungsaktes in rechtlicher und tatsächlicher Hinsicht ermöglichen. Es wäre also unzulässig, den Rechtsweg gegen Maßnahmen der öffentlichen Gewalt auf die Überprüfung von Rechtsfragen zu beschränken und die Gerichte an die Tatsachenfeststellung der Verwaltungsbehörde (im Sinne einer revisionsgerichtlichen Kontrolle) zu binden. Notfalls müßte das angerufene Gericht seine Zuständigkeit auf die Nachprüfung der Tatfrage erstrecken. Ebenso bestimmt das Gericht den Umfang der Beweisaufnahme und hat die erforderlichen Beweise selbst zu erheben. Auch das Beweisergebnis ist unabhängig von der Auffassung der Behörde durch das Gericht zu würdigen..."

---

[40] Zum Begriff der *Rechtsprechung* vgl. Böckenförde, Der allgemeine Gleichheitssatz und die Aufgabe des Richters, S. 84 f., sowie — in anderem Zusammenhang — Hinderling, Verwaltungsgerichtsbarkeit, S. 2 ff.

[41] So Maunz / Sigloch / Schmidt-Bleibtreu / Klein / Ulsamer, BVerfGG, § 80 Rdn. 168 m.w.N.

[42] Umfassend zu Inhalt und Bedeutung des Art. 19 Abs. 4 GG im grundgesetzlichen Rechtsstaat Bauer, Gebietsschutz, S. 18 ff.

[43] Vgl. speziell zur Finanzgerichtsbarkeit Müller, Die Gleichwertigkeit der Beteiligten, S. 115 f.

[44] Zum Begriff vgl. Ebsen, Gesetzesbindung, S. 47 f.

[45] Siehe zum Postulat der möglichst weitreichenden richterlichen Kontrolle Schwarze, Der funktionale Zusammenhang, S. 60 f.

[46] Maunz / Dürig / Herzog / Scholz, GG, Art. 19 Abs. 4 Rdn. 47.

2. Der „reine" Untersuchungsgrundsatz

Auch das *BVerfG*[47] hat dieser Auffassung in ständiger Rechtsprechung zugestimmt:

„Artikel 19 Abs. 4 Satz 1 GG eröffnet jedem, der durch die öffentliche Gewalt in seinen Rechten verletzt wird, den Rechtsweg. Der durch Art. 19 Abs. 4 S. 1 GG gewährleistete Rechtsweg muß die vollständige Nachprüfung des Aktes der öffentlichen Gewalt in rechtlicher und tatsächlicher Hinsicht durch ein Gericht ermöglichen[48]."

Dem hier aus dieser Rechtsprechung gezogenen Schluß, Art. 19 Abs. 4 GG erfordere im verwaltungsgerichtlichen Verfahren die konsequente Beachtung eines „reinen" Untersuchungsgrundsatzes, wird entgegengehalten werden, daß die oben zitierte Rechtsprechung nicht die Frage der Sachverhaltsermittlung im Prozeßverlauf betrifft, sondern diejenige nach einer evtl. bestehenden Einschränkung der den Gerichten zur Verfügung stehenden *Überprüfungsreichweite*. Dieser Vorhalt wäre allerdings unberechtigt; zur Begründung hierfür muß noch einmal in Erinnerung gerufen werden, in welcher Form der Untersuchungsgrundsatz eingeschränkt wird und — konstruktiv — auch nur eingeschränkt werden kann: Jeder Abstrich vom Untersuchungsgrundsatz bedeutet denknotwendig einen Schritt in Richtung der Verhandlungsmaxime.

An anderer Stelle[49] wurde bereits festgehalten, daß die einzig zutreffende Interdependenz der betreffenden Maximen diejenige der reinen Gegensätzlichkeit ist; für die hier interessierende Frage ergibt sich daraus folgendes:

Eine Abschwächung des Untersuchungsgrundsatzes wäre im Lichte des Art. 19 Abs. 4 GG nur zulässig, wenn diese Bestimmung der Einbeziehung von Wesensmerkmalen der Verhandlungsmaxime in den Verwaltungsprozeß nicht entgegensteht. Dies ist jedoch der Fall:

Das entscheidende Charakteristikum des Verhandlungsgrundsatzes ist, daß der Richter allein die Verantwortung für die zutreffende Rechts*anwendung* trägt, während diejenige für die Entscheidungs*grundlage* ausschließlich den Beteiligten (Parteien) zugewiesen ist.

Bei einer derartigen Sachlage mögen die Gerichte bzw. Richter zwar im Sinne der Art. 92, 97 ff. *unabhängig*[50] sein; den Erfordernissen des Art. 19 Abs. 4 GG würde ein der Verhandlungsmaxime unterfallendes Verwaltungsstreitverfahren nicht gerecht: Den Beteiligten wäre die Möglichkeit gegeben, nahezu ohne Mitwirkung des Gerichts[51] einen allein

---

[47] E 15, 282; 18, 212; 21, 194 ff.; 28, 10 ff.; 31, 113 ff.; 41, 23 ff.
[48] BVerfG v. 10.11.1964, E 18, 202, 212.
[49] Vgl. oben S. 52.
[50] Vgl. zum Begriff der Unabhängigkeit Model / Müller, GG, Art. 97 (S. 495 f.).
[51] Zu den durch §§ 139, 278 Abs. 3 ZPO siehe Zöller / Stephan, ZPO, § 139 Anm. 2; Baumbach / Lauterbach, ZPO, § 139 Anm. 1; Thomas / Putzo, ZPO, § 139 Anm. 2.

auf ihren Behauptungen basierenden Sachverhalt zur rechtlichen Überprüfung zu stellen.

Nun ist zwar einzuräumen, daß dieses extrem gezeichnete Erscheinungsbild des Verhandlungsgrundsatzes nicht bereits die Folge *jeder* Zurückdrängung der Untersuchungsmaxime ist; es darf aber nicht verkannt werden, daß eine partielle Abkehr vom Untersuchungsgrundsatz nicht zu einer gleichsam wertneutralen Änderung der prozessualen Gegebenheiten führt, sondern zwangsweise mit der Stärkung von Elementen der Verhandlungsmaxime einhergeht. So mag zutreffend sein, daß durch den Beginn einer solchen Entwicklung dem Richter die Verantwortung für Urteilsgrundlage und Rechtsanwendung nicht genommen wird — die vom Grundgesetz geforderte *Allein*verantwortung des Richters ist jedoch graduellen Abstufungen nicht zugänglich; eine Alleinverantwortung, die — wenngleich in geringem Umfang — auf Dritte übertragen ist, stellte wohl eine überwiegende, jedoch keine Alleinverantwortung mehr dar.

Dem kann auch nicht entgegengehalten werden, die hier vertretene Auffassung verliere sich in einer nicht realitätsbezogenen Wortspielerei; dies wäre nur zutreffend, wenn *materiell* ein Grad der richterlichen Verantwortlichkeit für die Gesamtentscheidung gefunden werden könnte, der einerseits dem Bild des Art. 19 Abs. 4 entspricht und zugleich die partielle Delegation dieser richterlichen Verantwortung auf die Prozeßbeteiligten zuläßt. Wie dies allerdings möglich sein soll, ist nicht ersichtlich.

Gegen ein aus Art. 19 Abs. 4 GG[52] folgendes verfassungsrechtliches Postulat nach der strikten Beachtung des Untersuchungsgrundsatzes spricht auch nicht die von der herrschenden Meinung[53] vertretene Auffassung, Art. 19 Abs. 4 GG wolle aber nur den „Rechtsweg im Rahmen der jeweils geltenden Prozeßordnung gewährleisten"[54].

Unabhängig von der Frage, ob dieser Satz in seiner undifferenzierten Form tatsächlich Geltung beanspruchen kann, hat der Gesetzgeber mit der Schaffung des § 86 Abs. 1 VwGO eine Prozeßordnungsvorschrift statuiert, die hinsichtlich der Anwendung und Geltung des Untersuchungsgrundsatzes keinerlei Einschränkungen enthält, sondern die ausnahmslose Beachtung dieser Maxime fordert. Der einfache Gesetz-

---

[52] Vgl. allgemein Bachof, DRiZ 1950, 245 ff.; zur Funktion des Art. 19 Abs. 4 GG siehe v. Mutius, Widerspruchsverfahren, S. 141 f., ders., VerwArch 63 (1972), 207 f.; vgl. auch Pabst, DöV 1951, 284 ff.

[53] Vgl. BVerfGE 27, 297 ff.; 31, 463 ff.; 35, 73; 35, 263 zu § 80 Abs. 6 VwGO mit Anm. Erichsen, VerwArch 65 (1974), 99 ff.; Redeker, NJW 1974, 287.

[54] Schmidt-Bleibtreu / Klein, GG, Art. 19 Rdn. 18; vgl. auch Weckerle, Vorbeugender Rechtsschutz, S. 129 m.w.N.

geber hat daher den Verfassungsauftrag gem. Art. 19 Abs. 4 GG zutreffend erfüllt[55].

*β) Auswirkungen des Art. 20 GG[56] auf
Umfang und Geltungsbereich des Untersuchungsgrundsatzes*

Verfassungsrechtliche Relevanz hat die Forderung nach der Beachtung des Untersuchungsgrundsatzes im Verwaltungsprozeß nicht allein hinsichtlich der soeben erörterten Rechtsweggarantie; nach allgemeiner Auffassung erfordert allein die Tatsache, daß im Verwaltungsstreitverfahren öffentliche Interessen tangiert werden[57], die Anwendung des Untersuchungsgrundsatzes; der Grund hierfür liegt darin, daß die Wahrung der objektiven Rechtsordnung durch das Verwaltungsgericht „ein — allerdings erwünschter und notwendiger — Nebenzweck der verwaltungsgerichtlichen Entscheidung"[58] ist.

Diese objektive Kontrolle der Verwaltung kann nur durchgeführt werden, wenn im Verwaltungsprozeß die *materielle* Wahrheit[59] ermittelt und der richterlichen Entscheidung zugrundegelegt wird.

Neben der Funktion der Wahrung der objektiven Rechtsordnung wird die Bedeutung der Untersuchungsmaxime zu Recht in ihrem Beitrag zur materiellen Gerechtigkeit im Verwaltungsprozeß gesehen.

Haverkämper[60] hat überzeugend nachgewiesen, daß „mit der von der Untersuchungsmaxime angestrebten Bloßlegung des richtigen und wahren Sachverhaltes, der materiellen Wahrheit, ... in besonderem Maße das Prinzip der Gerechtigkeit realisiert" wird.

Ebenso wie hinsichtlich der Rechtsweggarantie gem. Art. 19 Abs. 4 GG[61] klärt die Feststellung, *daß* dem Verwaltungsprozeß der Unter-

---

[55] Vgl. dazu allerdings Bettermann, AöR 96 (1971), 528, 547: „Der Rechtsweg des Art. 19 Abs. 4 ist weder mit dem ordentlichen noch mit dem Verwaltungsrechtsweg identisch, sondern umfaßt jeden Weg zum unabhängigen Richter. Jener Identifikation steht schon Satz 2 des Art. 19 Abs. 4 entgegen, der den Weg sowohl zu den ordentlichen als auch zu den Verwaltungsgerichten, aber auch zu allen anderen — deutschen — Gerichten verfassungsrechtlich offenhält und genügen läßt. Art. 19 Abs. 4 garantiert daher weder die Verwaltungsgerichtsbarkeit noch den Verwaltungsrechtsweg noch die verwaltungsgerichtliche Generalklausel."
[56] Vgl. hierzu auch Erbel, JuS 1976, 342; zur Eigenständigkeit von Art. 19 Abs. 4 GG und Art. 20 Abs. 3 GG vgl. Pötter, in: Der Staat, 1964, 183, 187.
[57] Haverkämper, Grundlagen, S. 81; Menger, Staatsbürger und Staatsgewalt, Bd. II, 427 f.; Lüke, JuS 1961, 41, 43; Habscheid JR 1958, 351, 364.
[58] Menger, in: Die Grundrechte, 3. Bd., 2. Hbd., 717, 730.
[59] Zu den Begriffen vgl. Lang, VerwArch 52 (1961), S. 65 ff. m.w.N.
[60] Grundlagen, S. 84 ff.
[61] Vgl. zu dem Zusammenspiel zwischen Art. 19 Abs. 4 GG und den materiellrechtlich begründeten subjektiven Rechten Apelt, JZ 1951, 353 ff., 354; allgemein zu den Bezügen zwischen Prozeßrecht und materiellem Recht: Arens, AcP 173 (1973), 250 ff.

suchungsgrundsatz zugrundezuliegen hat, noch nicht die Frage, *wie* dieser Untersuchungsgrundsatz sich konkret auf das prozessuale Verhalten der Beteiligten und des Gerichts auszuwirken hat.

Auch in dieser Hinsicht muß festgestellt werden, daß aufgrund der strengen Gegensätzlichkeit zwischen Verhandlungs- und Untersuchungsgrundsatz die Grundentscheidung *für* die Anwendung dieser Maxime auch die Entscheidung für die *strikte* Anwendung erfordert[62].

Oben wurde bereits festgehalten, daß die verfassungsrechtlich geforderte Alleinverantwortlichkeit des Gerichts[63] dann nicht mehr vorliegt, wenn die Beteiligten durch Sachverhaltsvorgaben in der Lage sind, das rechtliche Ergebnis der dem Richter vorgehaltenen Entscheidung — wenngleich auch nur in verhältnismäßig geringfügigem Umfang — zu beeinflussen; ähnliches gilt im Hinblick auf die Funktion der Verwaltungskontrolle und der Durchsetzung der materiellen Gerechtigkeit[64]: Auch in Grenzfällen darf die richterliche Verantwortung hinsichtlich dieser intendierten Ziele nicht auf die Beteiligten übergehen; die Kontrolle der Verwaltung etwa ist nicht nur dann „unmöglich, wenn die Sachaufklärung in die Hände der Parteien gelegt ist"[65]; gleiches gilt bereits, wenn der Richter nicht allein und formal unbeeinflußbar die Entscheidungsgrundlage zusammenzustellen berechtigt ist[66].

γ) Die Notwendigkeit des Untersuchungsgrundsatzes unter dem Gesichtspunkt der Art. 92, 97 GG

Enthalten Art. 19 Abs. 4, 20 GG verfassungsrechtliche, das gerichtliche Verfahren betreffende Vorgaben, die — mehr oder weniger global gefaßt — die allgemeinen Anforderungen und Grundprinzipien des gerichtlichen Rechtsschutzes festlegen, konkretisieren Art. 92, 97 GG[67] diese Vorgabe[68]; nach Art. 92 1. Hs. GG ist die rechtsprechende Gewalt „den Richtern" anvertraut; nach Art. 97 Abs. 1 GG sind diese Richter „unabhängig und nur dem Gesetze unterworfen"[69].

---

[62] Ähnlich die Tendenz bei Menger, DöV 1963, 726, 729: „Bei richtigem Verständnis der Vorschriften der VwGO und voller Ausschöpfung der dort eingeräumten Möglichkeiten ist der verwaltungsgerichtliche Rechtsschutz heute prozessual lückenlos."

[63] Vgl. zur Gleichsetzung von richterlichem Prüfungsrecht und richterlicher Prüfungspflicht Bachof, VVdStRL 12 (1954), 37 ff., 50.

[64] Vgl. in diesem Zusammenhang auch Görlitz, Verwaltungsgerichtsbarkeit, S. 55 ff. u. S. 84 ff.

[65] Haverkämper, Grundlagen, S. 87.

[66] Vgl. auch den Hinweis auf von Turegg, in: Festschrift für Lehmann, Bd. II, 849, 854 f. bei Haverkämper, Grundlagen, S. 87.

[67] Zur Rechtslage nach Art. 102 ff. der Weimarer Reichsverfassung vgl. Bötticher, ZZP 51 (1926), 201 ff.

[68] Vgl. von Münch / Meyer, GG, Art. 92 Rdn. 3.

[69] Siehe in diesem Zusammenhang zur Funktion der rechtsprechenden Ge-

2. Der „reine" Untersuchungsgrundsatz

Auch hinsichtlich dieser Bestimmungen soll unter Außerachtlassung der vielfältigen, ihnen innewohnenden Problematik[70] allein darauf eingegangen werden, ob ihr Regelungsbereich auch die Frage der Ausgestaltung und Durchsetzung prozeßrechtlicher Maximen erfaßt.

Ausgangspunkt ist wiederum der Gedanke, „daß einer Rechtsweggarantie und erst recht einem Richtervorbehalt überhaupt nur dann Rechnung getragen ist, wenn nicht nur die Rechtsanwendung durch die anderen Staatsorgane, sondern auch der von Ihnen zugrunde gelegte Sachverhalt von einem unabhängigen Gericht überprüft werden kann"[71], verbunden mit der Auffassung, daß nicht allein das Fällen der Entscheidung zum Begriff der rechtsprechenden Gewalt gehört[72], sondern daß „alle gerichtlichen Handlungen, die diese Entscheidung vorbereiten sollen, unter den Begriff der Rechtsprechung fallen, gleichgültig, ob sie sich auf die Bildung des Obersatzes, auf die Bildung des Untersatzes oder auf die richterliche Subsumtion beziehen"[73].

Nun ist allerdings vorab festzustellen, daß die Forderung nach der Durchsetzung eines Rechtsprechungsmonopols der Gerichte[74] *als solche* hinsichtlich der dem gerichtlichen Verfahren zugrunde liegenden Prozeßmaximen wertneutral ist; so wird man den entsprechenden Regelungen nicht entnehmen können, daß etwa für diejenigen Bereiche des Zivilprozesses ,die nicht im öffentlichen Interesse liegende Materien'[75] betreffen, der Untersuchungsgrundsatz einzuführen sei. In jenen Fällen führen die Parteien ihren Streit „in der vollen Freiheit ihrer privaten Disposition. In dem Spannungsfeld zwischen formeller Wahrheit aufgrund der Parteifreiheit und der materiellen Wahrheit ist im Zivilprozeß der formellen und damit der Freiheit der Parteien der Vorzug zu geben"[76].

Für den Bereich des Verwaltungsrechtsstreits entfällt *dieses* Spannungsverhältnis; hier fordert nämlich das den Gegenstand des Rechts-

---

walt auch Grimmer, Rechtsfigur, S. 128 f.; vgl. ferner zu der vereinzelt vorgebrachten Behauptung, die Richtermacht sei undemokratisch, Bachof, in: Festschrift für Hans Huber, S. 26, 43.

[70] Hierzu ist auch die kritische Betrachtung eines Funktionswandels der Geschichte zu zählen, vgl. etwa Bender, ZRP 1974, 235, 238.
[71] Maunz / Dürig / Herzog / Scholz, GG, Art. 92 Rdn. 67.
[72] Mißverständlich insoweit BVerfGE 7, 183, 188 f.
[73] Maunz / Dürig / Herzog / Scholz, GG, Art. 92 Rdn. 64.
[74] Vgl. Dütz, Rechtsstaatlicher Gerichtsschutz, § 21 (S. 137 ff.).
[75] Im öffentlichen Interesse liegen etwa die Materien, die die Verfahren des 6. Buches der ZPO betreffen; vgl. insoweit Thomas / Putzo, ZPO, Einführung § 606 Anm. I.
[76] So zutreffend Haverkämper, Grundlagen, S. 87; vgl. allerdings auch die Auffassung Burmeisters, Grundrechtsverständnis, S. 68 f. über die Verwischung von Verwaltungs- und Zivilrecht.

streits betreffende öffentliche Interesse[77] die lückenlose Erforschung der materiellen Wahrheit[78]. Unter Beachtung dieses Gesichtspunktes werden die Einflüsse der Art. 92, 97 GG auf die prozessuale Ausgestaltung des Verwaltungsstreitverfahrens offenbar:

Wenn die Erforschung der materiellen Wahrheit Sinn und Zweck des Verwaltungsprozesses[79] ist, unterfällt sie *in dieser Hinsicht* als insoweit unabdingbares Element der Rechtsprechung[80] dem Monopol der rechtsprechenden Gewalt; wenn aber die rechtsprechende Gewalt allein den Richtern[81] anvertraut[82] ist (Art. 92 GG), die nach Maßgabe des Art. 97 Abs. 1 GG *unabhängig*[83] sind, ist für die Entscheidung, ob diese Argumentationskette die Durchführung des Untersuchungsgrundsatzes im Verwaltungsprozeß erfordert, allein noch maßgebend, welche Bedeutung der Unabhängigkeit der Richter[84] zukommt:

Soll diese Unabhängigkeit gerade Eingriffe von Legislative oder — hier vorrangig interessierend — Exekutive verhindern, schließt sich der Kreis: Wenn das Gericht die Aufgabe hat, in öffentlich-rechtlichen Streitigkeiten die materielle Wahrheit unabhängig und unbeeinflußt von der Verwaltung zu erforschen und rechtlich zu werten, verbietet sich jede unmittelbare Einflußnahme der Parteien auf die Sammlung des Prozeßstoffes und damit das Einfließenlassen von Elementen des Verhandlungsgrundsatzes in den Verwaltungsprozeß.

---

[77] Das öffentliche Interesse besteht — wie erwähnt — allerdings z.T. auch im Bereich des Zivilprozesses; vgl. § 616 ZPO und dazu Furtner, Das Urteil im Zivilprozeß, S. 210.

[78] Abweichend wohl Bathe, Verhandlungsmaxime, S. 13, der den sozialen Bezug auch des Zivilprozesses hervorhebt und entsprechende Grenzen für die Parteidisposition über den Sachverhalt sieht; vgl. hinsichtlich der im Bereich des einstweiligen Rechtsschutzes bestehenden Verknüpfungen der verschiedenen Gerichtsbarkeiten auch Baur, Studien, S. 8 ff.; zum Begriff der „materiellen Wahrheit" siehe auch v. Canstein, Grundlagen, S. 27; siehe ferner Henckel, Gerechtigkeitswert, S. 15.

[79] Vgl. dazu auch Neis, DöV 1972, 626, 628 zur Synthese zwischen den verschiedenen durch den Rechtsstreit berührten Interessen und der Rechtsanwendung: „Verwaltungsrechtsprechung ist insofern stets und notwendig zugleich Gemeinwohljudikatur."

[80] Zum Begriff siehe auch Friesenhahn, in: Festschrift für Richard Thoma, S. 21 ff.; vgl. zur zentralen Stellung des Wahrheitswertes in den Verfahrenslehren Luhmann, Legitimation durch Verfahren, S. 20 f.

[81] Siehe allgemein zur Rolle und Legitimation des Richters Marcic, Vom Gesetzesstaat zum Richterstaat, S. 241 ff., sowie zur Bedeutung der Verwaltungsgerichtsbarkeit Menger, Moderner Staat, S. 16 f.

[82] Zum Begriff „anvertraut" vgl. Schmidt, Die Sache der Justiz, S. 8.

[83] Zur Trennung von Justiz und Verwaltung nach österreichischem Recht siehe Walter, Verfassung und Gerichtsbarkeit, S. 118 f.; zur Verbindung zwischen Art. 92 und 97 GG vgl. Leibholz / Rinck, GG, Art. 92 Anm. 4.

[84] Siehe zum Begriff der richterlichen Unabhängigkeit insbesondere Mes, Der Rechtsschutzanspruch, S. 43 ff.

2. Der „reine" Untersuchungsgrundsatz

In der Tat sollen die sachliche[85] und die persönliche[86] Unabhängigkeit der Richter gem. Art. 97 GG jeden vermeidbaren Einfluß auf die Rechtsstellung der Richter dadurch unterbinden[87], daß sie im Rahmen der ihnen verfassungsrechtlich zugewiesenen Aufgaben[88] aus dem Kernbereich der eigentlichen Rechtsprechung[89] frei von Weisungen entscheiden können[90]; von diesem Grundsatz gibt es unter der Geltung des Grundgesetzes auch keinerlei Ausnahmen[91]. Dies gilt auch unter Berücksichtigung der Fälle, in denen ein Gericht bei seiner Entscheidung „an die Rechtswirkungen unanfechtbar gewordener Verwaltungsakte, ja selbst an die Rechtswirkungen anderer Verwaltungsakte, die aus irgendwelchen Gründen ‚wirksam' geworden sind, gebunden" ist[92].

Wie *Herzog*[93] zu Recht erkennt, stellt die Bindung der Gerichte an die Tatbestandswirkung[94] von Verwaltungsakten nämlich lediglich die besondere Ausprägung des unmittelbar aus dem Gewaltenteilungsprinzip fließenden allgemeinen Grundsatzes dar, daß jede der drei Staatsgewalten „die Akte der beiden anderen Staatsgewalten zu respektieren, d.h. aber als gültig zugrundezulegen hat"[95].

In Zusammenhang mit der Rechtsweggarantie des Art. 19 Abs. 4 GG und den prozeßrechtlichen Konkretisierungen der Anfechtbarkeit[96] gilt dieser Grundsatz uneingeschränkt in den Fällen, in denen der fragliche Verwaltungsakt unanfechtbar geworden[97] oder durch spezialgesetzliche Regelung[98] mit vorläufiger Wirksamkeit[99] versehen ist *und* er außerhalb

---

[85] Vgl. BVerfGE 4, 344; 12, 71; 18, 254; 31, 137 ff.

[86] Vgl. hierzu Zweigert, in: Festschrift für von Hippel, 711 ff.; siehe ferner Model / Müller, GG, Anm. zu Art. 97 (S. 495 f.).

[87] Vgl. BVerfGE 12, 81; 26, 79 ff.; ferner Schmidt-Bleibtreu / Klein, GG, Art. 97 Rdn. 2.

[88] Gem. Art. 92, 97 GG; vgl. zum Problemkreis der Juridifizierung spezifischer Verwaltungsentscheidungen Barbey, Gedächtnisschrift für Friedrich Klein, S. 38; zur Aufgabe der Rechtsprechung, die Ausformung des Inhalts der Grundrechte vorzunehmen, vgl. Luhmann, Grundrechte, S. 209.

[89] Nicht zur richterlichen Tätigkeit in diesem Sinne gehören etwa Aufgaben aus dem Bereich der Gerichts- und allg. Justizverwaltung, vgl. dazu Schmidt-Räutsch, DRiG, § 25 Rdn. 7 ff. m.w.N.

[90] Zur Gleichstellung von Berufsrichtern und ehrenamtlichen Richtern hinsichtlich der Unabhängigkeit vgl. Schiffmann, Die Bedeutung der ehrenamtlichen Richter, S. 80.

[91] Vgl. Maunz / Dürig / Herzog / Scholz, GG, Art. 97 Rdn. 24.

[92] Maunz / Dürig / Herzog / Scholz, GG, Art. 97 Rdn. 30.

[93] Maunz / Dürig / Herzog / Scholz, GG, Art. 97 Rdn. 31

[94] Vgl. zum Begriff Wolff / Bachof, Verwaltungsrecht I, § 20 V a und § 50 I c.

[95] Fn. 93.

[96] Zur materiellen Anfechtbarkeit eines Verwaltungsaktes vgl. Redeker / von Oertzen, VwGO, § 42 Rdn. 99 m.w.N.

[97] Etwa nach Ablauf der Widerspruchsfrist gem. § 70 Abs. 1 VwGO.

[98] Vgl. § 80 Abs. 2 VwGO; dazu Kopp, VwGO, § 80 Rdn. 37 ff.; Redeker / von Oertzen, VwGO, § 80 Rdn. 19 ff.

des ihn betreffenden Anfechtungsprozesses von einem Gericht in die Prüfungen der Rechtslage einbezogen wird.

Stellt demnach die Lehre von der Tatbestands-, Gestaltungs- (und Feststellungs-) Wirkung von Verwaltungsakten[100] keine Ausnahme vom Grundsatz der Unabhängigkeit des Richters dar, ergibt sich die Richtigkeit der eingangs aufgestellten Prämisse; es besteht daher eine *unbedingte* Weisungsfreiheit der Gerichte[101].

Es bedarf jedoch noch der Feststellung, inwieweit dieses Verbot von Weisungen einen Einfluß auf die verfahrensrechtliche Ausgestaltung des Verwaltungsprozesses haben kann und ggf. hat; auf den ersten Blick nämlich scheint die Anwendung der Untersuchungsmaxime oder die des Verhandlungsgrundsatzes in keinem Zusammenhang mit dem an die Exekutive gerichteten Verbot zu stehen, gegenüber der dritten Gewalt Weisungen zu erteilen.

Das Gebot der richterlichen Weisungsfreiheit ist jedoch nicht — in wörtlicher Auslegung des Begriffes „Weisung" — dahingehend zu verstehen, daß lediglich bewußte, zweckgerichtete und unmittelbare Einflußnahmen der Verwaltung auf die Rechtsprechung unzulässig wären; man muß sich an dieser Stelle in Erinnerung rufen, daß Gegenstand der Untersuchung der Verwaltungsprozeß ist, dasjenige justizförmige Verfahren also, das — wenngleich nicht in erster Linie — auch der objektiven Kontrolle der Verwaltung selbst dient[102].

Unter Beachtung dieses Zwecks wird deutlich, daß das Postulat der (Weisungs-) Unabhängigkeit der Gerichte ein weitreichendes Verbot jeder Einflußnahme auf die richterliche Tätigkeit darstellt[103]; wenn *Herzog*[104] feststellt, Einzelweisungen der Verwaltung seien nicht nur unzulässig, wenn sie die Entscheidung eines Rechtsstreits betreffen, sondern auch dann, wenn sie sich auf Detailfragen im Zusammenhang mit einem Prozeß[105] beziehen, ist dies zutreffend; ein ausreichender

---

[99] Vgl. dazu Finkelnburg, Vorläufiger Rechtsschutz, Rdn. 366.

[100] Vgl. am Rande zur Tatbestandswirkung des Urteils Pohle, in: Festschrift für Apelt, S. 171, 197.

[101] Zur inhaltlichen Reichweite des Gebots der Weisungsfreiheit vgl. sogleich.

[102] Vgl. zur abweichenden Einschätzung der richterlichen Funktionen durch die Richter selbst Werle, Justizorganisation, S. 313; vgl. ferner Wassermann, Justiz, S. 33 ff., ders., Der politische Richter, S. 17 ff.; ders., Richter, Reform, Gesellschaft, S. 69 ff.; zu den richterlichen Aufgaben nach der Interessenjurispondenz siehe Zippelius, System, S. 70 f.; vgl. ferner Lüke, JuS 1967, 1; Menger: in: Die Grundrechte, 3. Bd., 2. Hbd., S. 717, 727 ff.

[103] Vgl. sogar weitergehend zu der Frage, ob neben dem Gericht als einzig auf Rechtsdurchsetzung eingeschworenem Gremium ein besonderer Exponent des öffentlichen Interesses (der VöI) überhaupt Platz haben kann, Schmidt-Jortzig, DöV 1978, 913 f.

[104] Maunz / Dürig / Herzog / Scholz, GG, Art. 92 Rdn. 24.

[105] Etwa auf die Beweiserhebung, auf die Terminierung.

2. Der „reine" Untersuchungsgrundsatz

Schutz des unbeeinflußten Verfahrens läßt sich durch diese Auffassung jedoch nicht begründen.

Es wird vielmehr davon auszugehen sein, daß die richterliche Unabhängigkeit als zentrales Element des Art. 97 Abs. 1 GG[106] auch gegenüber jeder Art von ermittelbarer Beeinflussung durch die Verwaltung bewahrt werden muß, zumal im Fall der Verwaltungskontrolle durch ein gerichtliches Verfahren.

Daß das Grundgesetz selbst davon ausgeht, eine formal aufzufassende funktionale Eigenständigkeit und Weisungsungebundenheit der Gerichte reiche zur Sicherung einer in vollem Umfang unbeeinflußten dritten Gewalt nicht aus, zeigen bereits die Bestimmungen über die persönliche Unabhängigkeit der Richter: Diese begünstigen zwar bewußt den einzelnen Richter und verschaffen ihm eine geschützte subjektive Rechtsposition[107], sind aber in erster Linie zur Sicherung der *sachlichen* Unabhängigkeit geschaffen worden[108], indem sie gewisse tatsächliche Voraussetzungen und Absicherungen dieser sachlichen Unabhängigkeit regeln.

Die Bedeutung des Art. 97 Abs. 1 GG kann daher nicht an dem oben aufgezeigten Verbot unmittelbarer Einflußnahme ihre Grenze haben[109]; eine derartige Betrachtung sähe nämlich die Unabhängigkeit der Gerichte und der Richter als reines Organisationsprinzip, „das eine Aussage darüber trifft, wie bestimmte Funktionen wahrgenommen werden. Eine solche Sicht wäre jedoch vordergründig; ..."[110].

Der vom *Bundesverfassungsgericht*[111] aufgestellte Leitsatz, daß die Vorschrift des Art. 97 Abs. 1 GG dem Schutze der rechtsprechenden Gewalt vor Eingriffen durch die Legislative und die Exekutive diene, ist daher mit *Loewenstein*[112] dergestalt zu verstehen, daß „der Richter bei der Erfüllung seiner richterlichen Aufgabe von jeglicher Beeinflussung oder Einmischung von außerhalb frei ist, gleichgültig, ob sie von der Regierung, dem Parlament, der Wählerschaft oder der öffentlichen Meinung ausgeht"; *Hamann / Lenz*[113] folgern daraus zutreffend, daß jeder, auch mittelbare Versuch der Beeinflussung der Rechtsprechung

---

[106] Vgl. Maunz / Dürig / Herzog / Scholz, GG, Art. 92 Rdn. 23.
[107] Von Münch / Meyer, GG, Art. 97 Rdn. 21.
[108] Vgl. Maunz / Dürig / Herzog / Scholz, GG, Art. 92 Rdn. 47.
[109] Vgl. die noch weitergehende Auffassung Zweigerts (Festschrift für von Hippel, S. 711 ff.), der für eine Sicherung der „inneren Unabhängigkeit" des Richters eintritt.
[110] So — freilich in etwas anderem Zusammenhang — zutreffend Benda / Klein, DRiZ 1975, 166.
[111] Beschluß v. 13.1.61, E 12, 67, 71.
[112] Verfassungslehre, S. 233.
[113] GG, Art. 97 Anm. B 2.

durch andere Organe des Staates oder andere gesellschaftliche Faktoren verfassungswidrig sei[114].

Es muß noch einmal darauf hingewiesen werden, daß diese weit aufzufassende richterliche Unabhängigkeit in allen Gerichtszweigen gilt[115] und sämtliche Verfahrensarten betrifft, soweit sie sich nur als typische richterliche Tätigkeit darstellen[116]; es mag auch zutreffen, daß auf den ersten Blick die Schlußfolgerung, im Bereich des Verwaltungsprozesses werde die strenge Beachtung des Untersuchungsgrundsatzes durch das Gebot der richterlichen Unabhängigkeit gefordert, schwer nachvollziehbar erscheint.

Dies gilt allerdings nur bei einer — nach Auffassung des Verfassers unzutreffenden — isolierten Betrachtung des Art. 97 Abs. 1 GG; bereits eingangs wurde darauf hingewiesen, daß die Gesamtschau der Art. 19 Abs. 4, 20, 82, 97 GG den Zusammenhang zwischen verfassungsrechtlichen Leitbildern und der anzustrebenden prozessualen Wirklichkeit verdeutlicht:

Der Verfassungsgeber wird in der Tat bei der Schaffung des Art. 97 Abs. 1 GG nicht an die Auswirkungen dieser Bestimmung auf die die Verfahrensmaximen betreffende Ausgestaltung des Verwaltungsprozesses gedacht haben; es ist nicht zu verkennen, daß sich die Statuierung richterlicher Unabhängigkeit in erster Linie — aufgrund historischer Erfahrungen — gegen eine äußerliche wie innere Verklammerung von Exekutive und Judikative richtete[117].

Dennoch zeigt sich, daß die hier vertretenen weitergehenden Auswirkungen der Art. 92, 97 GG mit der oben angedeuteten Zielsetzung dieser Bestimmungen weitgehend in Übereinstimmung stehen:

Der Einfluß der Verwaltung auf die sie kontrollierende rechtsprechende Gewalt äußert sich nicht nur in unmittelbaren Versuchen, auf den Inhalt der Entscheidung durch Beeinflussung der Richter einzuwirken[118]; die Rolle der Verwaltung als Beteiligte (= Partei) im Verwaltungsrechtsstreit legt die Vermutung nahe, daß das Bestreben, durch bestimmtes prozessuales Handeln den Ausgang des Rechtsstreits vorherzubestimmen, im Vordergrund der verwaltungsinternen Überlegungen steht. *Herzog*[119]

---

[114] Vgl. dazu auch Roellecke, VVdStRL 34 (1976), S. 7 ff., 33 m.w.N.

[115] Vgl. dazu auch v. d. Heydte, in: Gedächtnisschrift für Walter Jellinek, 493 ff., 500 f., zur Unabhängigkeit *der* Rechtsprechung.

[116] Vgl. zu anderen Tätigkeiten Schmidt-Räutsch, DRiG, § 25 Rdn. 7 ff. m.w.N.

[117] Vgl. zu der Zweckbestimmung der Art. 92, 97 GG v. Münch / Meyer, GG, Art. 92 Rdn. 1 ff. sowie Art. 97 Rdn. 1 ff.; vgl. ferner Eichenberger, Die richterliche Unabhängigkeit, S. 23 ff.

[118] Vgl. etwa zu Weisungen Bettermann, in: Die Grundrechte, 3. Bd., 2. Hbd., S. 523, 535.

[119] Maunz / Dürig / Herzog / Scholz, GG, Art. 92 Rdn. 27.

2. Der „reine" Untersuchungsgrundsatz

hat zu Recht darauf hingewiesen, daß der ursprüngliche Zweck der richterlichen Unabhängigkeit darin lag, Eingriffe der Verwaltung in die damals allein üblichen Prozesse der Strafgerichtsbarkeit, der Zivilgerichtsbarkeit und der freiwilligen Gerichtsbarkeit zu unterbinden, und daß diese richterliche Unabhängigkeit durch den fast vollständigen Ausbau des Rechtswegestaates praktisch schon deshalb eine völlig neue Dimension erhalten hat, weil die zu kontrollierende Verwaltung in den entsprechenden Rechtsstreitigkeiten *Partei* ist.

Diese Argumentation kann über die Forderung hinaus, der Verwaltung die Anmaßung der „Gerichtsherreneigenschaft" zu untersagen[120], auch zur Begründung dafür herangezogen werden, daß die prozessualen Befugnisse der Beteiligten — und damit auch der Verwaltung — dergestalt einzuschränken sind, daß sie keinen Teil der richterlichen Alleinverantwortlichkeit *allein* — sei es hinsichtlich der Sachverhaltsermittlung, sei es in bezug auf die Rechtsanwendung — abschwächt.

Verkürzt dargestellt läßt sich die Parallele zwischen unmittelbarer Einflußnahme auf die richterliche Willensbildung und die mittelbare Beeinflussung der gerichtlichen Entscheidungsfindung durch Prozeßhandlungen — bei Geltung des Verhandlungsgrundsatzes — wie folgt beschreiben:

Wenn es mit der Unabhängigkeit der Gerichte nicht vereinbar ist, daß die Verwaltungsbehörde dem Gericht eine bestimmte rechtliche Würdigung eines Sachverhalts vorschreibt oder auch nur den entscheidungserheblichen Sachverhalt dem Gericht lediglich zur rechtlichen Würdigung vorlegt, dann kann auch eine das Gericht bindende Sachverhaltsermittlung *durch die Beteiligten* im Verlaufe des Prozesses nicht als zulässig erachtet werden; die Verhandlungsmaxime ist nämlich mit *Brüggemann*[121] „als eine gegen den Richter gerichtete Sperre, in eigener Zuständigkeit zu der sogenannten materiellen Wahrheit vorzustoßen" zu verstehen. Die Beteiligten — insbesondere die aufgrund ihres Informationsvorsprunges und der größeren Erfahrung[122] bevorteilte Verwaltung — könnten durch ihren das Gericht festlegenden Sachvortrag die richterlichen Entscheidungsmöglichkeiten erheblich einengen; hier darf auch nicht unberücksichtigt bleiben, daß der Bürger oftmals nicht einmal in der Lage wäre, das Vorbringen der Gegenseite substantiiert zu bestreiten[123], geschweige denn ihm einen eigenen, abweichenden Sachvortrag entgegenzusetzen.

---

[120] Vgl. Fn. 119.
[121] Judex statutor, S. 164.
[122] So bereits zutreffend Ule, DVBl. 1954, 137, 140.
[123] Mit der Folge einer Geständnisfiktion entspr. § 138 ZPO.

In Zusammenhang mit den Ausführungen zu Art. 19 Abs. 4 GG[124] wurde bereits festgehalten, daß freilich nicht jede beschränkte Abkehr von dem Untersuchungsgrundsatz die soeben beschriebenen Auswirkungen hat; gleichzeitig wurde aber auch darauf hingewiesen, daß die Unmöglichkeit einer graduellen Abstufung zwischen „Noch-Alleinverantwortlichkeit des Gerichts" und „Schon-Mitverantwortung der Beteiligten" den Untersuchungsgrundsatz im Rahmen des Verwaltungsprozesses jeder Einschränkungsmöglichkeit entzieht.

b) § 86 Abs. 1 S. 1, 2. Hs. VwGO und die Einschränkung des Untersuchungsgrundsatzes

Nach § 86 Abs. 1 S. 1, 2. Hs. VwGO sind die Beteiligten bei der Erforschung des Sachverhalts von Amts wegen „heranzuziehen". Verschiedentlich wird daraus geschlossen, durch diese vorgesehene Mitwirkung der Beteiligten bei der Sachverhaltsermittlung[125] sei der Untersuchungsgrundsatz eingeschränkt[126]; dieser Auffassung kann allerdings nicht gefolgt werden: *Redeker / von Oertzen*[127] haben bereits richtig darauf verwiesen, daß § 86 Abs. 1 S. 1, 2. Hs. VwGO eine Erscheinungsform des Anspruchs auf *rechtliches Gehör*[128] darstelle[129]; darüber hinaus bedeutet die Heranziehung der Beteiligten eine Erweiterung der dem Gericht zur Verfügung stehenden Mittel der Sachaufklärung[130].

An dieser Stelle ist darauf hinzuweisen, daß die VwGO die in § 86 Abs. 1 S. 1 aufgenommene Forderung der gerichtlichen Sachaufklärung in verschiedenen Vorschriften konkretisiert und auch in Beziehung zu den gebotenen Mitwirkungshandlungen der Beteiligten gesetzt hat:

Neben § 86 Abs. 1 VwGO dienen der Erfüllung der richterlichen Aufklärungspflicht die Vorschriften über prozeßfördernde Anordnungen des Vorsitzenden oder eines von ihm bestimmten Richters[131], über die Anordnung des persönlichen Erscheinens von Beteiligten und die Entsendung eines Bediensteten einer beteiligten Körperschaft oder Behör-

---

[124] Oben II. 2. a. cc. a.
[125] Zu weitgehend BSG v. 26.9.1956, KOV 1956 RsprNr. 457: „Für das Gericht besteht die Pflicht zur Sachaufklärung von Amts wegen nur insoweit, als der von den Beteiligten vorgebrachte Sachverhalt zu weiteren Aufklärungen Anlaß gibt."
[126] Vgl. nur Meyer-Ladewig, SGG, § 103 Rdn. 7 ff.
[127] VwGO, § 86 Rdn. 12.
[128] Zur Definition des Anspruchs auf rechtliches Gehör vgl. v. Münch / Rauball, Art. 103 GG, Rdn. 4; zum rechtlichen Gehör im Strafprozeß siehe eingehend Dahs, Das rechtliche Gehör, insbes. S. 12 ff.
[129] Vgl. auch Kopp, VwGO, § 86 Rdn. 11.
[130] So zutreffend Kopp, VwGO, § 86 Rdn. 11.
[131] § 87 VwGO.

2. Der „reine" Untersuchungsgrundsatz

de[132]; über die Verpflichtung zur Vorlage von Urkunden oder Akten[133] sowie über die Pflicht des Vorsitzenden zur Erörterung der Streitsache mit den Beteiligten[134].

Eine Konkretisierung der den Beteiligten obliegenden Mitwirkungspflichten erfolgt in den Vorschriften über die Angabe der begründenden Tatsachen und Beweismittel in der Klageschrift[135], über die Aufforderung zur Gegenäußerung des Beklagten[136], über die Stellung klarer und sachdienlicher Anträge sowie Angabe aller für die Beurteilung wesentlichen Erklärungen[137], über die vorbereitenden Schriftsätze[138], über das persönliche Erscheinen[139], über die Teilnahme am Beweistermin[140], über die Erörterung der Streitsache mit den Beteiligten[141] sowie über das rechtliche Gehör[142].

Die die Vorschrift des § 86 Abs. 1 S. 1 VwGO konkretisierenden Bestimmungen dienen daher nicht der Beschränkung des Untersuchungsgrundsatzes, sondern — neben der Gewährung rechtlichen Gehörs — seiner Intensivierung; Kopp[143] hat zutreffend festgestellt, daß die Mitwirkung der Beteiligten am Verfahren nach Maßgabe des § 86 Abs. 1 S. 1, 2. Hs. VwGO schon deshalb ein Mittel der Sachaufklärung darstellt, weil die Beteiligten „vielfach sogar die primären Wissensträger"[144] sind.

Die Mitwirkungspflicht[145] der Beteiligten ist nämlich auch unter der Geltung eines reinen, streng gehandhabten Untersuchungsgrundsatzes in bestimmten Fällen unabdingbare Voraussetzung der umfassenden gerichtlichen Sachaufklärung:

Eine Erforschung des Sachverhalts von Amts wegen kann nur eingeleitet und durchgeführt werden, wenn dem zur Ermittlung verpflichteten Gericht ein Mindestmaß an *Anhaltspunkten* — sei es rechtlicher, sei es tatsächlicher Art — zur Verfügung steht; *in diesem Sinne* ist der herrschenden Meinung zuzustimmen, die das Gericht — insoweit zu-

---

[132] § 95 VwGO.
[133] § 99 VwGO.
[134] § 104 Abs. 1 VwGO.
[135] § 82 VwGO.
[136] § 85 VwGO.
[137] § 86 Abs. 3 VwGO.
[138] § 86 Abs. 4, 5 VwGO.
[139] § 95 VwGO.
[140] § 97 VwGO.
[141] § 104 Abs. 1 VwGO.
[142] § 108 Abs. 2 VwGO; siehe auch Zeuner, Rechtliches Gehör, S. 12 ff.
[143] VwGO, § 86 Rdn. 11.
[144] Fn. 143.
[145] Vgl. bezüglich ihres Verhältnisses zum Untersuchungsgrundsatz auch den grammatikalischen Aufbau des § 86 Abs. 1 S. 1 VwGO: „Dabei", also bei der Erfüllung der — nicht eingeschränkten — Aufklärungspflicht, hat das Gericht die Beteiligten heranzuziehen.

treffend — nicht für verpflichtet hält, von sich aus in alle Richtungen zu ermitteln[146]; wenn dieser Grundsatz[147] jedoch dahingehend ausgedehnt wird, daß Nachforschungen nur erforderlich seien, soweit sie der Sachverhalt *nahelege*[148], kann dem nicht zugestimmt werden. Es unterliegt ausschließlich der richterlichen Entscheidung, ob der Sachverhalt unter Zugrundelegung der jeweiligen Rechtsauffassung des Gerichts umfassend geklärt ist, mag der Sachverhalt das Vorliegen weiterer Umstände vermuten oder sogar wahrscheinlich sein lassen oder nicht[149].

Nach allem ist daher davon auszugehen, daß die den Beteiligten auferlegte Pflicht, daß Verfahren durch ihre Mitwirkung zu fördern[150], keine Einschränkung des Untersuchungsgrundsatzes darstellt, sondern die Beteiligten in dieser Hinsicht zu Gehilfen des Gerichts macht[151].

c) Der Untersuchungsgrundsatz und die Beteiligten als bloße Objekte staatlicher Tätigkeit

Bettermann[152] hält eine Alleinverantwortlichkeit des Gerichts in bezug auf die Ermittlung des Sachverhalts für verfassungsrechtlich unzulässig:

„Die Ausschaltung der Parteien aus einem der wichtigsten Prozeßabschnitte: Der Ermittlung des Sachverhalts, widerspricht auch der grundsätzlichen Auffassung unserer Verfassungen über das Verhältnis des Staates zu seinen Bürgern. In einem freiheitlichen Gemeinwesen darf der Bürger nicht zum bloßen Objekt staatlicher Tätigkeit degradiert werden. Das aber geschieht,

---

[146] Vgl. Meyer-Ladewig, SGG, § 103 Rdn. 7; Redeker / von Oertzen, VwGO, § 86 Rdn. 11 unter Hinweis auf BFH NJW 1959, 550; Lang, VerwArch 52 (1961), 186.

[147] Vgl. auch BSG v. 23.8.1957, KOV 1958 Rspr. 751: „Die Aufklärungs- und Ermittlungspflicht obliegt dem Gericht insoweit, als der Vortrag der Beteiligten und der Sachverhalt als solcher bei sorgfältiger Überlegung dazu Anlaß bietet. Das Gericht braucht nicht allen theoretisch denkbaren Möglichkeiten von Amts wegen nachzugehen, wenn der vorgetragene Sachverhalt hierzu keine Veranlassung gibt. Es muß jedoch den vorgetragenen und bereits ermittelten Sachverhalt in jeder Richtung prüfen, ob er zur Feststellung weiterer Tatsachen drängt, die ihrerseits den gesetzlichen Tatbestandsmerkmalen des erhobenen Anspruchs entsprechen."

[148] Vgl. BSG SozR § 103 Nr. 3; BVerwG DVBl. 1964, 193; Haueisen, NJW 1966, 764.

[149] Vgl. auch BSG v. 19.4.1972, KOV-Mitt. BE 1972, 57 f.: „Für die Frage, ob das Gericht § 103 SGG verletzt hat, kommt es darauf an, ob der Sachverhalt, wie er dem LSG im Zeitpunkt der Urteilsfällung bekannt gewesen ist, von dessen sachlich-rechtlichem Standpunkt aus zur Entscheidung des Rechtsstreits ausreichte, ..."

[150] Siehe dazu Kollhosser, Verfahrensbeteiligte, S. 111 f.

[151] Vgl. auch die differenzierte Auffassung des BSG (Entsch. v. 10.2.1970, SozEntsch. BSG 1/4 § 103 Nr. 29): „Die Sachaufklärungspflicht des Gerichts ist nicht völlig losgelöst von der Mitwirkungspflicht der Beteiligten und hat dort ihre Grenzen, wo die Beteiligten selbst keine Anhaltspunkte für bestimmte tatsächliche Umstände vortragen."

[152] JBl. 1972, 57, 62.

2. Der „reine" Untersuchungsgrundsatz

wenn die Parteien — oder eine Partei, wie etwa der Angeklagte — von jeder Mitwirkung bei der Sachaufklärung ausgeschlossen werden. Unter einer freiheitlichen Verfassung kann die Frage, ob ein Prozeß von den Parteien oder dem Richter beherrscht werden soll, niemals zugunsten ausschließlicher Richterherrschaft beantwortet werden."

Es hieße *Bettermann* falsch zu verstehen, wollte man diesen Äußerungen eine grundsätzliche Ablehnung des Untersuchungsgrundsatzes entnehmen; dennoch zielen seine Bedenken zumindest in die entsprechende Richtung.

An dieser Stelle erscheint es aufgrund der Stellungnahme *Bettermanns*[153] angebracht, auf das Erscheinungsbild des Inquisitionsprozesses einzugehen, dessen negative Elemente *Bettermann* augenscheinlich dem Untersuchungsgrundsatz nach geltendem Recht zuzuordnen beabsichtigt.

Im Inquisitionsprozeß[154] greift der Richter von sich aus ein: Er verhaftet, vernimmt, untersucht und verurteilt. Es gibt keinen Kläger und keinen Angeklagten, sondern nur den — untersuchenden und urteilenden — Richter (den Inquirenten) und das Objekt seiner Tätigkeit (den Inquisiten). In der Geschichte hat die Anerkennung des Offizialprinzips zunächst zu dieser Form des Strafverfahrens geführt[155].

Erwähnenswert erscheint die plastische Darstellung bei *Richard Schmidt*[156]:

„Ein einzelner Beamter, der Untersuchungsrichter, ermittelt, gleichviel aus welchen Quellen, die ersten Spuren eines Verbrechens, soweit sie sich in der Richtung auf eine bestimmte Person als der mutmasslichen Täter verfolgen lassen — der gleiche Beamte zieht den ‚Verdächtigen' zur Verantwortung, versetzt ihn in Anklagezustand, verhaftet ihn und sucht die belastenden sowie die entlastenden Gründe zusammen, um den Verdacht entweder zum vollen Beweis der Schuld zu verdichten oder gänzlich zu entkräften. Erst wenn er das gesammelte historische Material zu den Akten gesammelt hat, tritt das Richterkollegium in Tätigkeit, das ausschließlich aufgrund der Untersuchungsakten das Verurteilungsverdict oder den Freispruch abgibt. So äußert der Inquisitionsprocess seine Eigenart in einer schroffen Concentration aller Processgewalt in der Hand eines Beamten[157]."

Es wird keinem Zweifel unterliegen, daß die Figur des Inquisitionsprozesses, eines Verfahrens also, das Untersuchungs- und Offizialgrund-

---

[153] JBl. 1972, 57, 62.
[154] Siehe zur Entwicklung der Strafgerichtsbarkeit Döhring, Geschichte, S. 14 ff.
[155] Roxin, Strafverfahrensrecht, § 13 A 1.
[156] Die Herkunft des Inquisitionsprocesses, S. 67.
[157] Vgl. zur praktischen Durchführung des Inquisitionsprozesses insbesondere zur Haltung der Inquirenten: Kapp, Die Hexenprozesse, S. 69, zu den historischen Formen des Akkusationsprinzips siehe auch Walter, Prozeß und Wahrheitsfindung, S. 77 ff.

satz in strenger Form verneint, den betreffenden Bürger tatsächlich zum bloßen Objekt staatlicher Tätigkeit degradieren würde[158].

Trotz klarer terminologischer Abgrenzung scheint *Bettermann*[159] jedoch die konsequente Anwendung des Untersuchungsgrundsatzes mit einer Verfahrensart gleichzusetzen, die in ihren entwürdigenden Auswirkungen auf die Stellung der Prozeßbeteiligten den Inquisitionsprozessen nahekommt.

Daß diese Auffassung — selbst unter Zugrundelegung der Definition des Untersuchungsgrundsatzes von *Lang*[160] — nicht zutreffen kann, ergibt sich daraus, daß derartige unerwünschte Auswirkungen des Untersuchungsgrundsatzes nicht durch Heranziehung von Elementen des Verhandlungsgrundsatzes abgeschwächt *werden müssen*, sondern bereits durch die Geltung der Dispositionsmaxime — also auf anderer Ebene — *ausgeglichen sind*.

Die Dispositionsmaxime — der Grundsatz betreffend die Herrschaft der Prozeßbeteiligten über den Streitgegenstand[161] und damit über das Verfahren als Ganzes[162] gilt, wenngleich dies nicht immer zutreffend erkannt wird, grundsätzlich auch im Verwaltungsprozeß[163]; soweit etwa von einer noch vertretenen Auffassung[164] Anerkenntnis- und Verzichtsurteile im Verwaltungsprozeß für unzulässig erachtet werden[165], beruht dies wiederum auf der Verkennung der Begriffspaare Verhandlungs-/Untersuchungsmaxime und Dispositions-/Offizialmaxime[166].

Die aus dem Dispositionsgrundsatz fließenden Befugnisse der Beteiligten, nämlich

— Recht zur Entscheidung über das *Ob* der Einleitung eines Rechtsstreites;

— Recht zur Entscheidung über Beendigung des Rechtsstreits vor Rechtskraft eines Urteils;

— Bestimmungsrecht hinsichtlich des Streitgegenstandes[167];

---

[158] Vgl. in diesem Zusammenhang zu Art. 1 Abs.1 GG Maunz / Dürig / Herzog / Scholz, GG, Art. 1 Abs. 1 Rdn. 28 ff.

[159] JBl. 1972, 57, 62.

[160] VerwArch 52 (1961), 60 ff.

[161] Zum Verhältnis zwischen „Klagebegehren" und „Streitstoff" siehe v. Mutius, VerwArch 62 (1971), 198, 200.

[162] Vgl. Ule, Verwaltungsprozeßrecht, § 28 I; Schunck / de Clerck, § 86 Anm. I a aa.

[163] So auch Redeker / von Oertzen, VwGO, § 86 Rdn. 4.

[164] BVerwG NJW 1957, 885.

[165] Dagegen OVG Hamburg v. 26.8.76, NJW 1977, 214 m.w.N.

[166] So im Ergebnis zutreffend auch Ule, Verwaltungsprozeßrecht, § 28 II.

[167] Dieses Bestimmungsrecht besteht ungeachtet der öffentlich-rechtlichen Qualität der im Streit befindlichen Ansprüche, vgl. dazu auch Barth, NJW 1961, 1604 f.; siehe ferner Wacke, AöR 79 (1954), 158 ff.

2. Der „reine" Untersuchungsgrundsatz

— Recht zur Klagerücknahme;

— Möglichkeit von prozessualem Verzicht und Anerkenntnis, soweit die materiell-rechtliche Verfügungsbefugnis reicht;

— Möglichkeit der Verfahrensbeendigung durch Abschluß eines Prozeßvergleiches;

— Befugnis zur Klaglosstellung des Klägers;

— Entscheidungsrecht über die Einlegung und die Zurücknahme eines Rechtsmittels;

— Recht, das Verfahren durch Klageänderung auf ein anderes Ziel zu richten,

reichen schon zur Entkräftung des Vorwurfes aus, bei einer reinen Geltung des Untersuchungsgrundsatzes wären die Prozeßbeteiligten in die Rolle von Objekten staatlichen Handelns gedrängt: Die Herrschaft über den Prozeß bleibt bei den Beteiligten.

Neben diesen „mäßigenden" — wenn auch mittelbaren — Einflüssen des Dispositionsgrundsatzes zeigt jedoch ein weitaus schwerer wiegender Gesichtspunkt, daß der Gedanke an eine gleichsam „entmündigende" Wirkung des Untersuchungsgrundsatzes auf einem unzutreffenden Verständnis dieser Maxime beruht:

Nach der hier vertretenen Deutung des Untersuchungsgrundsatzes beinhaltet er die zumindest für das Verwaltungsstreitverfahren berechtigte Forderung nach der *richterlichen Alleinverantwortung* für Entscheidungsgrundlage *und* Rechtsanwendung[168].

Diese richterliche Alleinverantwortung ist jedoch von der nach *Bettermann*[169] abzulehnenden „ausschließlichen Richterherrschaft" grundlegend verschieden; sie bedeutet vor allem nicht, daß den Beteiligten die Möglichkeit genommen wäre, auch außerhalb des Regelungsbereichs der Dispositionsmaxime gestaltend auf den Lauf des Rechtsstreits einzuwirken: Neben den bereits angeführten Einzelbestimmungen hinsichtlich der Mitwirkungsaufgaben der Beteiligten bieten sich den Parteien mannigfaltige — und durchaus mit dem Untersuchungsgrundsatz zu vereinbarende — Möglichkeiten, auch bei der Feststellung des entscheidungserheblichen Sachverhaltes maßgebend mitzuwirken; es bedeutete eine Verkennung der Realität, wollte man davon ausgehen, die Verwaltungsgerichte würden in der Mehrzahl der Fälle eigenständige, von den Beteiligten unabhängige Ermittlungen aufnehmen, um das Tat-

---

[168] Abweichend bezüglich der finanzgerichtlichen Eigenverantwortlichkeit jedoch Mösbauer, BB 1977, 505: „Er (der Untersuchungsgrundsatz) berechtigt und verpflichtet das Gericht, den der Entscheidung zugrunde zu legenden Sachverhalt eigenverantwortlich, nicht jedoch alleinverantwortlich, zu ermitteln." Vgl. dazu auch BFH v. 29.6.72, BFHE 107,1 ff.; v. 22.3.72, BFHE 105, 518.
[169] JBl. 1972, 57, 62.

sachenmaterial umfassend zu sammeln. Die Prozeßwirklichkeit zeigt vielmehr, daß vornehmlich das Beteiligtenvorbringen zur Festlegung der Entscheidungsgrundlage verwandt wird[170].

Dies steht auch nicht in Widerspruch zu der von dem Verfasser befürworteten konsequenten Beachtung des Untersuchungsgrundsatzes: Solange das Gericht in keiner Hinsicht an das Vorbringen der Beteiligten *gebunden* ist, stellt ein umfassender Parteivortrag vielmehr eine begrüßenswerte und tatsächlich unentbehrliche Erweiterung der richterlichen Erkenntnismöglichkeit dar.

Ferner darf nicht übersehen werden, daß das unbedingte Gebot der Gewährung rechtlichen Gehörs[171] das Gericht ohnehin zwingt, in eine gewisse Kommunikation mit den Beteiligten[172] einzutreten und sie dadurch mittelbar an der Sachverhaltsentwicklung *und* an der Rechtsanwendung teilhaben zu lassen[173].

Prozessuale Aktivitäten der Beteiligten und Untersuchungsgrundsatz schließen sich daher nicht aus, sondern ergänzen sich; bei einer derartigen Sachlage jedoch kann schwerlich begründet werden, in welcher Weise und aufgrund welcher Umstände die Beteiligten durch die Beachtung des Untersuchungsgrundsatzes zu „Objekten staatlicher Tätigkeit" werden sollen.

Die von *Bettermann*[174] angestrebte, von ihm als „Kooperationsmaxime" bezeichnete Verknüpfung von Verhandlungs- und Untersuchungsgrundsatz widerspricht nach alldem den verfassungsrechtlichen sowie einfach gesetzlichen Vorgaben und ist überdies aufgrund der den Beteiligten verbleibenden Initiativfreiheit entbehrlich.

d) Zwischenergebnis

Nach den bisherigen Ausführungen können folgende vorläufige Feststellungen getroffen werden:

---

[170] Hiergegen ist unter der Voraussetzung nichts einzuwenden, daß das Gericht sich dennoch stets seiner Verpflichtung zur eigenverantwortlichen Sachverhaltsermittlung bewußt bleibt, sich diese Aufgabe daher zwar durch die Beteiligten erleichtern, aber nicht abnehmen läßt.

[171] Vgl. Bay VerfGH v. 15.5.1962, JZ 1963, 63 ff. mit Anmerkung Arndt, JZ 1963, 65 ff.; siehe ferner Arndt, NJW 1959, 6 ff.; BVerfG v. 28.1.60, NJW 1960, 427 f.; Arndt, NJW 1959, 1297 ff.; vgl. zum rechtlichen Gehör im Verwaltungsverfahren schon König, DVBl. 1959, 189 ff.

[172] Zu der begrenzten Reichweite dieser Verpflichtung vgl. allerdings Baur, AcP 153 (1954), 393, 408 f.; siehe dazu — im Hinblick auf die richterliche Hinweispflicht — Kuchinke, JuS 1967, 295 ff.; ferner Arndt, NJW 1959, 6; Woesner, NJW 1959, 866; weitergehend Wolf, JZ 1971, 405, 406.

[173] Vgl. aber einschränkend Hamann, AnwBl. 1958, 141, 148.

[174] JBl. 1972, 57, 63.

— Der Untersuchungsgrundsatz als Gegensatz zum Verhandlungsgrundsatz betrifft ausschließlich die Frage der Sachverhaltsbeschaffung.

— Der Inhalt dieser Maxime besteht in der unbeschränkten Alleinverantwortung des Gerichts für Sachverhaltsermittlung und Rechtsanwendung und berührt nicht die Initiativrechte der Beteiligten[175].

— Eine tatsächliche Grenze des Untersuchungsgrundsatzes besteht insoweit, als sich dem Gericht für das Vorliegen ihm nicht bekannter Umstände zumindest irgend ein Anhaltspunkt darbieten muß, der die bis dahin latente Aufklärungspflicht aktualisiert[176].

— Die einzige rechtliche Grenze des Untersuchungsgrundsatzes und der richterlichen Aufklärungspflicht liegt in der alleinverantwortlichen Entscheidung des Richters darüber, ob der Rechtsstreit unter Berücksichtigung des Streitgegenstandes, des bisher für feststehend erachteten Sachverhalts und der von ihm vertretenen Rechtsauffassung entscheidungsreif ist[177].

e) Spruchreife und Ermessensentscheidungen

Die letzte Aussage des gefundenen Zwischenergebnisses bedarf allerdings der Präzisierung:

Die Spruchreife der Sache gem. § 113 Abs. 1 S. 3, Abs. 4 S. 2 VwGO bedeutet, daß die in die Kompetenz des Gerichts fallenden Feststellungen und Überlegungen eine abschließende Entscheidung über das Klagebegehren ermöglichen[178].

Grundsätzlich folgt aus dem Untersuchungsgrundsatz die Pflicht des Gerichts, die zu entscheidende Sache zur Spruchreife zu bringen[179]; diese Pflicht besteht indes nicht uneingeschränkt:

---

[175] Vgl. auch Grahe, NJW 1978, 1789, der neben dem Untersuchungsgrundsatz Tragweite und Bedeutung der mündlichen Verhandlung hervorhebt, die dem Bürger u.U. erst die Möglichkeiten sachbezogener Initiativen eröffnet, unpräzise Rautenberg, NJW 1955, 1545: „Unter einer ‚vollständigen Aufklärung' kann ... nur die Aufklärung verstanden werden, die notwendig ist, um das Verwaltungsgericht instand zu setzen, eine Entscheidung zu treffen."

[176] Enger aber Redeker, in: Staatsbürger und Staatsgewalt, Bd. II, 475, 480.

[177] Aus diesem Grunde erscheint auch die Regelung des Art. 3 § 3 EntlG bedenklich, der die Präklusion verspäteten Vorbringens im finanzgerichtlichen Verfahren vorsieht; zu billigen wäre diese Bestimmung allenfalls insoweit, als bestimmte Sachverhaltsangaben — aus welchen Gründen auch immer — *nur* von den Beteiligten selbst vorgebracht werden können; weitergehend Meyer-Ladewig, NJW 1978, 857, 860; etwas mißverständlich zur „Entscheidungserheblichkeit" Mösbauer, BB 1977, 505, 507.

[178] So zutreffend Kopp, VwGO, § 113 Rdn. 83 gegen Eyermann / Fröhler, VwGO, § 113 Rdn. 61, die — mißverständlich — das Vorliegen der Spruchreife dann annehmen, „wenn weitere Erhebungen nicht mehr gepflogen werden müssen, um eine endgültige Entscheidung fällen zu können".

[179] BVerwGE 7, 100, 106; 10, 202; 12, 186; DVBl. 1966, 875; Ule, Verwaltungs-

„Das Gericht ist jedoch dann nicht verpflichtet und nicht einmal berechtigt, die Spruchreife herbeizuführen, wenn es damit in unangemessener Weise die Funktion der zuständigen Verwaltungsbehörde ausüben müßte"[180];

dies ist insbesondere dann der Fall, wenn die Entscheidung des Rechtsstreits von weiteren Fragen abhängt, bezüglich derer der Verwaltung ein Ermessens- oder Beurteilungsspielraum zusteht[181]; in einem derartigen Fall ist dem Gericht aufgrund der vorgehenden Gewaltentrennung untersagt, selbst die Entscheidungsbefugnisse der Behörde auszuüben — die Entscheidung des Gerichts muß sich daher auf eine solche lediglich kassatorischen Inhalts beschränken.

Zweifelhaft ist in diesem Zusammenhang, ob diese Grundsätze auch bei rechtlich gebundenen Entscheidungen gelten, wenn das Gericht — formal betrachtet — durch weitere Ermittlungen und durch die Entscheidung von Fragen, die die Verwaltung bisher in eigener Verantwortung noch nicht geprüft hat[182], in die Kompetenz der Verwaltung eingreifen und dieser vorgreifen würde[183].

Eine derartige pauschale Begrenzung der gerichtlichen Aufklärungspflicht widerspräche dem Inhalt des Untersuchungsgrundsatzes:

In jedem Fall der verwaltungsgerichtlichen Aufhebung einer Verwaltungsentscheidung oder der einer Behörde durch das Verwaltungsgericht auferlegten Handlungspflicht (Verpflichtungs- oder Leistungsurteil) ergeben sich Berührungspunkte zwischen rechtsprechender und vollziehender Gewalt; ohne diese denknotwendigen Berührungspunkte wäre auch die verfassungsrechtlich gebotene Gewaltenkontrolle nicht effizient durchführbar; gerichtliche sanktionslose Appelle an die Verwaltung stellen kaum ein taugliches Kontrollinstrument dar.

Schließlich darf nicht übersehen werden, daß — genau betrachtet — in jedem Fall etwa der Aufhebung eines rechtswidrigen Verwaltungsaktes das Verwaltungsgericht die ursprünglich der Behörde zugewiesenen umfassenden Überprüfungsvorgänge selbst nachvollzogen, insoweit also mittelbar Funktionen der Verwaltung wahrgenommen hat[184].

---

prozeßrecht, S. 228; Tschira / Schmitt Glaeser, Verwaltungsprozeßrecht, S. 174; Meyer, DVBl. 1961, 75; Kopp, VwGO, § 113 Rdn. 83; Eyermann / Fröhler, VwGO, § 113 Rdn. 62; siehe auch Richter, DVBl. 1960, 885 ff.

[180] Eyermann / Fröhler, § 113 Rdn. 62 unter Hinweis auf BVerwGE 11, 95, 101; Bay VGH v. 12.4.1965, Bay VBl. 1966, 210; Kopp, VerwArch 61 (1970), 219, 237.

[181] Vgl. BVerwGE 10, 202; 11, 99.

[182] Vgl. Kopp, VwGO, § 113 Rdn. 84.

[183] Vgl. Bay VGH, Bay VBl. 1966, 210; Eyermann / Fröhler, VwGO, § 113 Rdn. 62 a; Redeker / von Oertzen, VwGO, § 113 Rdn. 19 f.; Schunck / de Clerck, VwGO, § 113 Anm. 3 b, bb; Richter, DVBl. 1960, 885 unter 2 b; Kellner, MOR 1968, 965; Bettermann, NJW 1960, 653; Meyer, DVBl. 1961, 75.

[184] Der Gesetzgeber hat den Verwaltungsgerichten diese „gewaltenüberschreitenden" Befugnisse in der Vorschrift des § 113 VwGO ausdrücklich eingeräumt.

2. Der „reine" Untersuchungsgrundsatz

Dementsprechend kann der Ansicht, die Verpflichtung des Gerichts zur Herbeiführung der Spruchreife habe dort ihre Grenze, wo es Funktionen der Verwaltung wahrnehmen müßte[185], nicht gefolgt werden; es ist vielmehr dem Urteil des *BVerwG* vom 10.2.1966[186] zuzustimmen:

„Das Verwaltungsgericht ist ... nicht befugt, eine Sache zur weiteren Aufklärung und Prüfung an die ... Behörden zurückzuverweisen. Es hat vielmehr, wie der Senat in ständiger Rechtsprechung entschieden hat, den Sachverhalt erschöpfend aufzuklären und ... grundsätzlich selbst die abschließende Entscheidung gem. § 113 Abs. 4 S. 1 VwGO zu treffen."

Es mag dahinstehen, ob dieser Auffassung auch für Bereiche zu folgen ist, in denen etwa für die Prüfung der Tatbestandsvoraussetzungen zum Erlaß eines Verwaltungsaktes die Zuständigkeit einer besonderen Fachbehörde vorgesehen ist[187]; die Berechtigung einer derartigen Ausnahme erscheint schon deshalb fraglich, weil die Abgrenzung der Zuständigkeiten „allgemeiner Behörden" und „besonderer Fachbehörden" praktisch kaum durchführbar ist, und weil innerhalb der Exekutive hinsichtlich der Verhinderung von ungerechtfertigten Kompetenzeingriffen seitens der rechtsprechenden Gewalt keine qualitativen Unterschiede zwischen den einzelnen Behördenzweigen konstruiert werden können[188].

f) Zusammenfassung der Kritik an der Rechtsprechung zu Umfang und Bedeutung des Untersuchungsgrundsatzes

Die höchstrichterliche Rechtsprechung zum Untersuchungsgrundsatz[189] verdient nach allem keine Zustimmung. Durch die ungerechtfertigte Heranziehung von Elementen des Verhandlungsgrundsatzes werden die verfassungsrechtlichen Erfordernisse der Erforschung der materiellen Wahrheit, der unbeeinflußten Verwaltungskontrolle durch den Richter und der uneingeschränkten Alleinverantwortlichkeit des Gerichts für die „Richtigkeit" seiner Entscheidung — die zutreffende Bildung der Entscheidungsgrundlage sowie die gesetzesentsprechende Rechtsanwendung — mißachtet; zugleich wird die Bestimmung des § 86 Abs. 1 S. 1 VwGO, die die ausnahmslose Geltung des Untersuchungsgrundsatzes statuiert, ohne Rechtfertigung einschränkend ausgelegt.

---

[185] Vgl. Tschira / Schmitt Glaeser, Verwaltungsprozeßrecht, unter Hinweis auf BVerwG, DVBl. 1963, 263 f.; siehe auch Rautenberg, NJW 1955, 1545.
[186] DöV 1066, 127.
[187] Vgl. BVerwG v. 8.1.63, DVBl. 1963, 263 f.
[188] Hinzu kommt, daß auch die VwGO für einer derartige Differenzierung keine Anhaltspunkte enthält, und daß der Begriff der Spruchreife insoweit wertneutral ist.
[189] Gleiches gilt für die ihr folgende Literatur.

III. Erzwungene Korrektur der beschriebenen Rechtsprechung durch das prozessuale Verhalten des bevollmächtigten Rechtsanwalts

1. Die Auswirkungen der Stellung des Rechtsanwalts als unabhängiges Organ der Rechtspflege

Der Rechtsanwalt ist — insbesondere im Zusammenhang mit seiner forensischen Tätigkeit — regelmäßig mit der Vertretung von Sonderinteressen einer einzelnen Partei befaßt[1]; der Rechtsanwaltschaft ist jedoch stets bewußt gewesen, daß neben der Parteiinteressenvertretung[2] die Verwirklichung des Rechts die Hauptaufgabe des Rechtsanwalts darstellt[3]. Bemerkenswert ist, daß diese Auffassung, dieses Selbstverständnis der Rechtsanwaltschaft[4], bereits zu Zeiten gesichert war, in denen die Bestimmung des § 1 BRAO[5] noch nicht bestand[6]; die RAO vom 1. Juli 1878[7] enthielt den Begriff „Organ der Rechtspflege" ebensowenig[8] wie die Reichsrechtsanwaltsordnung vom 21.2.1936[9]. Die ehrengerichtliche Rechtsprechung jedoch[10] setzte die Organstellung des Rechtsanwalts als selbstverständlich voraus.

Positiv-rechtliche Festlegung erfuhr der Begriff erstmals[11] — für das Gebiet der heutigen Bundesrepublik Deutschland — in der Rechts-

---

[1] Vgl. Isele, BRAO, § 1 Anm. N B 2; siehe auch Fleischmann, Die freien Berufe, S. 58 f.

[2] Zur Geschichte der Sachwalter vgl. Huffmann, Geschichte, S. 1 ff.

[3] Vgl. Weißler, Geschichte, S. 616; siehe zur Entwicklung der Anwaltschaft auch Döhring, Geschichte, S. 111 ff.

[4] Vgl. zum Selbstverständnis der Rechtsanwaltschaft außerhalb der Bundesrepublik Deutschland Union Internationale, S. 192 ff.

[5] „Der Rechtsanwalt ist ein unabhängiges Organ der Rechtspflege"; vgl. dazu Quack, NJW 1975, 1337, 1338.

[6] Interessant erscheint, daß stellenweise sogar der allgemeine Vertreter des öffentlichen Interesses als „Anwalt des Bürgers" bezeichnet wurde, vgl. Baring, VerwArch 50 (1959), 105, 149 m.w.N.; der Begriff „Organ der Rechtspflege erscheint erstmals in einer Entscheidung des Ehrengerichtshofs v. 25.5.1893 (EGHE 1, 140 ff.).

[7] RGBl. 1878, 177; vgl. dazu Huffmann, Kampf um freie Advokatur, S. 61 ff.

[8] Vgl. Isele, BRAO, § 1 Anm. IV A 1.

[9] RGBl. I, S. 107.

[10] Vgl. die Nachweise bei Isele, BRAO, § 1 Anm. IV A 1.

[11] Vgl. zum geschichtlichen Ablauf auch Blanke, AnwBl. 1954, 134 ff.; zur Rolle des Anwalts S. 143 f.

1. Auswirkungen der Stellung des Rechtsanwalts

anwaltsordnung für die britische Zone vom 10.3.1949[12]; die z.Zt. geltende Regelung des § 1 BRAO baute auf jener Bestimmung auf[13], indem sie die Stellung des Rechtsanwalts als „Organ der Rechtspflege"[14] zum „unabhängigen" Rechtspflegeorgan[15] präzisierte[16].

Wenngleich über die Interpretation dieses Begriffes keine völlige Einigkeit erzielt werden konnte[17], besteht insoweit kein Zweifel, als dem Rechtsuchenden in dem Anwalt ein unabhängiges, dem *objektiven Recht verpflichtetes* Organ der Rechtspflege zur Verfügung steht[18]; „Unabhängigkeit der Rechtspflege ist kein Selbstzweck oder Dogma, sie bleibt ein Instrument zur Erreichung und Sicherung rechtsstaatlicher Lösungen"[19].

Für den hier im Vordergrund der Betrachtung stehenden Problemkreis ergibt sich insoweit folgendes:

Die Hebung des Rechtsanwalts durch Einbeziehung in die Rechtspflege, nämlich die Gleichstellung mit ihren anderen Organen[20], qualifiziert die Rolle des Rechtsanwalts auch[21] als die einer Überwachungsinstitution[22], welche die Gewähr dafür bietet, daß die anderen Rechtspflegeorgane ihre Aufgaben in der gesetzlich vorgesehenen Weise erfüllen[23].

---

[12] VOBl. BrZ 1949, 80 ff.
[13] Vgl. die kritische Äußerung Heins, NJW 1958, 201, 203: „... gegen die neue Fassung müssen wir Anwälte uns wehren."
[14] § 1 RAObritZ.
[15] § 1 BRAO; zum Begriff der Rechtspflege siehe näher Menger, System, S. 25 ff.; zur Verpflichtung des Anwalts zum Dienst am Recht vgl. Müller, Die Freiheit der Advokatur, S. 165.
[16] Vgl. dazu auch § 3 Abs. 1 BRAO sowie Habscheid, NJW 1962, 1985; Kalsbach, BRAO, § 3 Anm. I.
[17] Vgl. nur die umfassende Darstellung bei Schneider, Der Rechtsanwalt, S. 63 ff.; siehe dazu auch Ostler, Der deutsche Rechtsanwalt, S. 16 ff.
[18] Vgl. Habscheid, NJW 1962, 1985, 1987; zur Stellung der *Steuerberater* auf dem Gebiet der steuerrechtlichen Beratungstätigkeit siehe Schönberger, Die Grenzen der Rechtsbesorgungsbefugnis, S. 60 ff.
[19] Schneider, Der Rechtsanwalt, S. 94.
[20] Vgl. Habscheid, NJW 1962, 1985 ff.; a.A. Skouris, BB 1975, 1231.
[21] Siehe zur Gleichbewertung der Aufgaben von Rechtsanwalt, Richter, Staatsanwalt und Notar Bölow, Bundesrechtsanwaltsordnung, § 1 Anm. 2; vgl. ferner Kissel, Über die Zukunft der Justiz, S. 149 ff.
[22] Eine ähnliche Aufgabe hatte nach Auffassung Gaedkes — DöV 1950, 73 f. — der Vertreter des öffentlichen Interesses nach der MRVO Nr. 165; vgl. weiter zur Rolle des Vertreters des öffentlichen Interesses Gerber, DöV 1959, 344 f.; ders., DöV 1958, 680 ff.; dazu Petersen, DöV 1959, 537 ff.; siehe in diesem Zusammenhang auch Groß, Bay VBl. 1959, 71 73; ders., DVBl. 1060, 626 ff.; insbes. 627; nach § 13 Abs. 2 VGG „hatte der Vertreter des öffentlichen Interesses mitzuwirken, daß das Recht sich durchsetzt und das Gemeinwohl keinen Schaden erleidet"; vgl. dazu Meiss, ZZP 67 (1954), 169, 171; vgl. weiter Holzweißig, DöV 1960, 17 ff.
[23] Zutreffend auch Schneider, Der Rechtsanwalt, S. 159: „Der Rechtsanwalt ist ein Mitgarant des Rechtsstaates."

III. Korrektur der Rechtsprechung

Vergegenwärtigt man sich diese Stellung des Rechtsanwaltes, seine Rechte und gesetzlich vorgegebenen Pflichten, seinen Auftrag zur konstruktiven Kontrolle der Rechtspflege, läßt sich seine Rolle im Verwaltungsprozeß unschwer konkretisieren:

Erster Ausgangspunkt der Überlegung ist die Alleinverantwortung des Gerichts bzw. des Richters für die von ihm zu fällende Entscheidung; der zweite maßgebende Gesichtspunkt ist die Erkenntnis, daß die Rechtsprechung diese Alleinverantwortung durch eine fortdauernde Abschwächung des Untersuchungsgrundsatzes auf die Prozeßbeteiligten überträgt und sich insoweit zum Teil in ihre Abhängigkeit begibt[24].

Die Aufgabe des im Verwaltungsrechtsstreit zum Prozeßbevollmächtigten berufenen Rechtsanwalts muß daher vornehmlich darin liegen, *das Gericht ständig in die diesem zukommende Alleinverantwortung zu zwingen* und auf diese Weise den Einfluß der Verwaltungsbehörde auf den Prozeßverlauf zurückzudrängen.

Es mag auf den ersten Blick widersprüchlich erscheinen, dem Prozeßbevollmächtigten gerade in derjenigen Verfahrensart die Pflicht zur erhöhten Aktivität aufzuerlegen, die umfassend dem Untersuchungsgrundsatz unterliegt, die Beteiligten und ihre Vertreter daher der Pflicht zur Initiative entheben könnte.

Wie die bisherigen Untersuchungen jedoch gezeigt haben, fordert schon die durch die Rechtsprechung praktizierte partielle Mißachtung der Untersuchungsmaxime eine korrigierende Tätigkeit der Beteiligten (und damit ihrer Vertreter); diese Auffassung darf jedoch nicht dergestalt mißverstanden werden, daß allein die verschiedenen Fehlleistungen der Rechtsprechung einen Einfluß auf den Aufgabenbereich des Rechtsanwaltes hätten:

Auch eine nicht zu beanstandende, strikte Beachtung des Untersuchungsgrundsatzes durch das Gericht enthebt die Beteiligten nicht der Aufgabe[25], gestaltend und fördernd auf den Prozeßverlauf, insbesondere die Sammlung des Tatsachenmaterials, einzuwirken.

Es wurde bereits festgestellt, daß die Alleinverantwortung des Gerichts nicht mit einer Ausschließung oder auch nur Behinderung der Beteiligten hinsichtlich des Verfahrensablaufs verbunden ist; ferner

---

[24] Vgl. zur „Mitverantwortung der Verfahrensbeteiligten für die Sachverhaltsaufklärung" in das Verfahren der freiwilligen Gerichtsbarkeit Kollhosser, Verfahrensbeteiligte, S. 111 ff.; zum Sinn der Verfahrensgrundsätze hinsichtlich der Verteilung von „Aufgaben und Verantwortlichkeiten" vgl. Zeuner, in: Festschrift für Nipperdey, Bd. I, 1013, 1015 f.

[25] Von „Pflicht" zu sprechen, wäre in diesem Zusammenhang nicht zutreffend; zum Unterschied zwischen „Mitwirkungspflicht" und „Mitwirkungslast" vgl. Meyer-Ladewig, SGG, § 103 Rdn. 13.

1. Auswirkungen der Stellung des Rechtsanwalts

darf nicht übersehen werden, daß der Richter als Individuum[26] Adressat der fraglichen Prozeßmaxime ist, individuelle Abweichungen unwägbarer Art daher nie vollkommen zu vermeiden sind[27].

Hinzu kommt, daß auch der „reine" Untersuchungsgrundsatz nicht im „luftleeren Raum" angesiedelt ist: So kann von keinem Gericht erwartet werden, daß es ohne jeden auch nur entfernten Anhaltspunkt Sachverhaltsermittlungen mit dem Ziel aufnimmt, gleichsam „flächendeckend" nach möglicherweise entscheidungserheblichen Umständen zu suchen; eine vernünftige Sachaufklärung läßt sich *nur final*, mit Blick auf ein gedachtes Ergebnis oder dessen Widerlegung, durchführen. Soweit das Gericht keine Kenntnis von bestimmten Umständen hat, ja ggf. nicht haben kann, da sie allein im Wissen der Beteiligten stehen[28], sind die Beteiligten gehalten, diese Umstände zwar nicht „substantiiert" vorzutragen, aber doch die Aufmerksamkeit des Gerichts auf sie zu lenken[29].

In allen Fällen, in denen der verwaltungsgerichtlichen Klage ein Widerspruchsverfahren[30] vorausgegangen ist, verdient eine weitere Überlegung Beachtung:

Das Vorverfahren endete in diesen Fällen grundsätzlich — von Ausnahmen, etwa bei der Beanstandungsklage nach § 17 AGVwGO Rheinland-Pfalz, abgesehen, — mit einer für den Widerspruchsführer negativen Entscheidung[31]; diese Verwaltungsentscheidung hat eine nicht zu unterschätzende präjudizierende Wirkung, die die Erwägungsbreite des Gerichts vorzeitig einengen kann[32].

Ein weiterer Ansatzpunkt für die — zulässige und auch gebotene — Verfahrensbeeinflussung durch die Beteiligten stellt sich wie folgt dar: Die einzige rechtliche Grenze des Untersuchungsgrundsatzes liegt nach der hier vertretenen Auffassung darin, daß das Gericht in eigener Entscheidung festzustellen berechtigt ist, *wann* — unter Berücksichtigung der von ihm vertretenen Rechtsauffassung — der entscheidungserheb-

---

[26] Vgl. dazu auch Rupp, NJW 1973, 1769, 1774.
[27] Vgl. allgemein Heffter, System, S. 4: „Der Kernpunkt aller Prozeßinstitutionen ist der Richter, die Bestimmung und die Grenze seines Wirkungskreises"; zur Theorie eines bedingungslos formal verfahrenden Richters vgl. Adomeit, AcP 174 (1974), 407, 414.
[28] Vgl. in dieser Hinsicht Kopp, VwGO, § 86 Rdn. 11 zu den Beteiligten als primären Wissensträgern.
[29] In diesen Fällen wird in der Tat eine latente Aufklärungspflicht des Gerichts aktualisiert.
[30] Siehe umfassend von Mutius, Widerspruchsverfahren; ders., VerwArch 65 (1974), 321 ff.; vgl. zu Tendenzen einer Aufwertung des Vorverfahrens Meyer-Ladewig, DöV 1978, 305, 307.
[31] Vgl. zur „Befriedungsfunktion" des Widerspruchsverfahrens die Untersuchung von Röper, DöV 1978, 312 ff.
[32] Und sei es nur, weil sich Argumentationsketten unbewußt einprägen.

liche Sachverhalt umfassend aufgeklärt ist; diese Entscheidung muß dem Richter vorbehalten bleiben, da in einem dem Untersuchungsgrundsatz unterliegenden Verfahren die bloße rechtliche Würdigung eines vorgegebenen Sachverhalts nicht in Betracht kommen kann; rechtliche Würdigung und Ermittlung des Sachverhalts stehen vielmehr in einer engen, der Beeinflussung nur durch das Gericht unterliegenden Wechselbeziehung.

Daraus folgt, daß sich der Umfang der gerichtlichen Aufklärungspflicht durchaus nach der vom Gericht vertretenen — und den Parteien zu eröffnenden[33] — Rechtsansicht richten kann; der nächste Schritt liegt nahe: Die Beeinflussung der vom Gericht vertretenen Rechtsauffassung kann die gerichtliche Aufklärungspflicht konkretisieren.

Auf die den Beteiligten und ihren Prozeßbevollmächtigten zur Verfügung stehenden *Mittel,* das Gericht in die es treffende Verantwortung zu zwingen, wird unter III. 4. eingegangen werden.

2. Den Verwaltungsprozeß betreffende Vorgaben auf der Seite der Rechtsanwaltschaft

a) Die Haltung der Rechtsanwaltschaft zum Institut des Verwaltungsrechtsstreits

Ungeachtet der Tatsache, daß durchschnittlich in 62,7 % aller erstinstanzlichen und 70,9 % aller in der Berufungsinstanz anhängigen Verwaltungsrechtsstreite[1] der Kläger[2] von einem Bevollmächtigten vertreten ist[3], hat das Verwaltungsstreitverfahren unter der Rechtsanwaltschaft bis heute nicht die ihm gebührende Beachtung gefunden[4].

Die Berufungs- und Standesorganisationen der Rechtsanwälte haben sich zwar der Thematik des Verwaltungsprozesses und seiner Anforderungen an die anwaltschaftliche Interessenvertretung in verschiedenem Zusammenhang zugewandt; zum einen lebt von Zeit zu Zeit[5] die Diskussion um die Einführung neuer Fachanwaltschaften[6] wieder auf.

---

[33] Vgl. dazu — allerdings in etwas anderem Zusammenhang — Kenneweg, Darstellung, S. 81 f.

[1] Vgl. Ule, Rechtstatsachen, S. 106 und 174.

[2] Zur anwaltschaftlichen Vertretung der *Beklagten* vgl. Ule, Rechtstatsachen, S. 108.

[3] Diese Bevollmächtigten waren im Bereich des Verwaltungsprozesses zu 80 % (Finanzprozeß: 30 %) Rechtsanwälte, vgl. Ule, Rechtstatsachen, S. 106.

[4] Dennoch liegt — im *relativen* Vergleich — die Zahl der Fälle, in denen der Kläger durch einen Bevollmächtigten vertreten ist, höher als die entsprechende Zahl für die amtsgerichtlichen Verfahren (vgl. Ule, Rechtstatsachen, S. 106).

[5] Vgl. nur die Hinweise bei Commichau, NJW 1977, 1361, 1371; siehe auch Schardey, AnwBl. 1978, 41 ff.; hierzu Plassmann, AnwBl. 1978, 172.

2. Vorgaben auf der Seite der Anwaltschaft

Zum anderen ist — auch aufgrund der Arbeiten hinsichtlich der Vereinheitlichung der Verwaltungsverfahrensgesetze[7] — die Frage der Einführung eines Anwaltszwanges[8], zumindest für Prozesse in der Berufungsinstanz vor dem Oberverwaltungsgericht bzw. Verwaltungsgerichtshof, Gegenstand des Meinungsstreits. Soweit ersichtlich, beschränkt sich das Interesse der Anwaltschaft vornehmlich auf diese Fragenkomplexe.

b) Gebührenrechtliche Überlegungen

Es darf nicht verkannt werden, daß nicht zuletzt gebühren- und kostenrechtliche Überlegungen[9] das Interesse eines Anwalts an der Führung verwaltungsgerichtlicher Verfahren beeinflussen.

aa) § 114 Abs. 1 BRAGO

Nach § 114 Abs. 1 BRAGO sind in Verfahren vor den Gerichten der Verwaltungs- und Finanzgerichtsbarkeit die Vorschriften der §§ 31 ff. BRAGO sinngemäß[10] anzuwenden[11].

Während in sozialgerichtlichen Verfahren[12] gem. § 116 BRAGO grundsätzlich die Gebühren nach — kaum kostendeckenden[13] — Rahmenpauschsätzen abgerechnet werden[14], können im allgemeinen verwaltungsgerichtlichen Verfahren sämtliche auch im Zivilprozeß üblichen Gebühren anfallen. Diese Gleichstellung der Prozeßarten in gebührenrechtlicher Sicht besteht letztendlich allerdings nur scheinbar; denn der Gebührenanspruch ist sowohl vom Gegenstandswert der jeweiligen Streitigkeit als auch davon abhängig, ob der Rechtsanwalt eine den einzelnen Gebührentatbeständen unterfallende Tätigkeit tatsächlich ausgeübt hat.

---

[6] Auch einer solchen für Verwaltungsrecht.
[7] Vgl. nur Meyer-Ladewig, SGG 1977, 333 ff.; Papier, DöV 1978, 322 ff.; Redeker, DVBl. 1977, 132 ff.
[8] Dazu Kopp, Bay VBl. 1977, 513, 525 f.
[9] Die allerdings nach dem Leitbild der §§ 1, 2 BRAO nicht im Vordergrund der Erwägungen stehen sollen.
[10] Dazu Riedel / Sußbauer, BRAGO, § 114 Rdn. 3.
[11] Siehe dazu auch Swolana, BRAGO, § 114 Anm. 3.
[12] Anwaltliche Tätigkeiten im Vorverfahren werden durch die Gebühren gem. § 116 BRAGO nicht mit abgegolten, vgl. Riedel / Sußbauer, BRAGO, § 116 Rdn. 5.
[13] Vgl. zu der Diskrepanz zwischen Gebühren- und Kostenentwicklung Baumgärtel, ZRP 1974, 228; zu § 116 BRAGO siehe auch Plagemann, NJW 1975, 1392, 1394.
[14] Dennoch zweifelnd, ob gebührenrechtliche Überlegungen den Umfang anwaltschaftlicher Beteiligungen an Sozialgerichtsverfahren beeinflussen: Hennecke, MDR 1956, 201, 202.

Unter Berücksichtigung dieser beiden Faktoren ergibt sich, daß der durchschnittliche Verwaltungsprozeß gegenüber dem zivilgerichtlichen Verfahren in gebührenrechtlicher Hinsicht für den — ebenfalls in bezug auf seinen Tätigkeitsbereich durchschnittlichen — Rechtsanwalt an Attraktivität einbüßt[15]:

bb) §§ 30 ff. BRAGO

Im verwaltungsgerichtlichen Verfahren werden die verschiedenen Gebührentatbestände der §§ 30 ff. BRAGO zahlenmäßig seltener erfüllt:

Die Beweisgebühr gem. § 114, 31 Abs. 1 S. 3 BRAGO kommt in weniger Fällen zur Entstehung als im Zivilprozeß:

Nach *Baumgärtel / Mes*[16] findet in 54,2 % der amtsgerichtlichen, 62,9 % der landgerichtlichen Zivilprozesse eine Beweisaufnahme statt, während 71,5 % der verwaltungsgerichtlichen Verfahren unter Zugrundelegung eines „unstreitigen" Sachverhalts entschieden werden[17].

Ähnliches gilt für die Vergleichsgebühr gem. § 23 BRAGO. Zum einen ist bis heute in Rechtsprechung und Literatur umstritten, in welchem Umfang im Verwaltungsprozeß der Abschluß eines Prozeßvergleichs zulässig ist[18]. Darüberhinaus fehlen zumeist auch die tatsächlichen und materiell-rechtlichen Grundlagen für einen Vergleichsabschluß[19]; dem-

---

[15] Dies ändert jedoch nichts daran, daß das geringere Kostenrisiko immer noch eine den Zugang zum Rechtsschutz erschwerende Kostenbarriere darstellt; vgl. dazu Baumgärtel, Gleicher Zugang, S. 118 ff. mit weiteren Nachweisen; siehe ferner André, ZRP 1976, 177 ff. mit einer Zusammenfassung der verschiedenen Vorschläge zur Herstellung der Chancengleichheit; siehe auch Bauer, VersR 1973, 110 ff.; Baumgärtel, JZ 1975, 425 ff.; ders., BB 1975, 678 ff.; ders., ZRP 1975, 65 ff.; ders., Humane Justiz 1977, 17 ff.; Baur, JZ 1972, 75 ff.; Bender, in: Jahrbuch für Rechtssoziologie und Rechtstheorie, 1976, 377 ff.; Bokelmann, ZRP 1973, 164 ff.; Däubler, BB 1969, 545 ff.; Grunsky, Gutachten, 51. DJT, 1976; Demuth, DRiZ 1972, 27 f.; Fechner, JZ 1969, 349 ff.; Gottwald, ZZP 80 (1976), 130 ff.; siehe ferner Heimerich, BB 1960, 1071 f.; Klinge, AnwBl. 1977, 350 ff.; Knoppke-Wetzel, JZ 1976, 145 ff.; auch — bezogen auf die Gerichtskosten im Zivilprozeß — Kissel, in: Festschrift für Schiedermair, S. 313 ff.; auch Pawlowski, JZ 1975, 157 ff.; vgl. weiter Redeker, NJW 1973, 1153, 1159; Rehbinder: in: Jahrbuch für Rechtssoziologie und Rechtstheorie, 1976, 395 ff.; Röper, DVBl. 1977, 409 ff. mit umfangreichen Nachweisen; Schoreit, ZRP 1975, 62 ff.; Schubert, DRiZ 1977, 133; Seetzen, ZRP 1971, 35 ff.; Trocker, Gutachten B 51. DJT; Wittmann, ZRP 1976, 195.

[16] Rechtstatsachen, S. 194 Fn. 243; die entsprechenden Zahlen für die Berufungsinstanz lauten: 31,5 % im landgerichtlichen, 34 % im oberlandgerichtlichen Berufungsverfahren (siehe Ule, Rechtstatsachen, S. 224).

[17] Nach Ule, Rechtstatsachen, hat in 28,5 % aller Verwaltungsrechtsstreite (10,8 % der finanzgerichtlichen Verfahren) eine Beweisaufnahme stattgefunden; für die zweitinstanzlichen Verwaltungsrechtsstreite lautet die entspr. Zahl 24,3 % (Ule, a.a.O., S. 195); vgl. zu Ule auch Maetzel, DöV 1978, 340.

[18] Siehe nur die Zusammenfassung des Diskussionsstandes zum verwaltungsgerichtlichen Vergleich bei Schröder, Der Prozeßvergleich, S. 15 ff.; vgl. auch §§ 106 VwGO, 101 Abs. 1 SGG.

[19] Vgl. die Einschränkung des § 106 VwGO: „ . . ., soweit sie über den Gegen-

entsprechend werden auch nur in 7,8 % der verwaltungsgerichtlichen Verfahren Bemühungen um den Abschluß eines Prozeßvergleichs unternommen[20], während 10,4 % aller Amtsgerichtsprozesse und 20 % der am Landgericht anhängigen Rechtsstreite durch einen Prozeßvergleich *beendet* werden[21].

Ferner liegen die im Verwaltungsprozeß anfallenden Rechtsanwaltsgebühren nicht zuletzt aufgrund der regelmäßig verhältnismäßig niedrigen Streitwerte unter dem Durchschnitt der Gebühren im amts- und landgerichtlichen Zivilprozeß:

Nach den Untersuchungen von *Baumgärtel / Mes*[22] hatten 23,3 % der amtsgerichtlichen Verfahren einen Streitwert bis 200,— DM, 63,2 % von 201,— bis 1.500,— DM; bei den landgerichtlichen Verfahren lag der Schwerpunkt der Streitwerthöhe mit 81,5 % bei 1.501,— bis 15.000,— DM. Zu den Streitwerten der verwaltungsgerichtlichen Verfahren sei auf die detaillierten Ausführungen *Ule's*[23] verwiesen.

c) Verwaltungsrechts- und verwaltungsprozeßrechtsspezifische Qualifikation der Rechtsanwälte

Rechtswissenschaft und Praxis[24] lassen durchweg wenig Zweifel daran, daß die fachliche Qualifikation der Anwaltschaft gerade auf dem Gebiet des Verwaltungs- und Verwaltungsprozeßrechts nicht den Stand derjenigen auf den der ordentlichen Gerichtsbarkeit unterfallenden Rechtsmaterien entspricht[25]. Zumindest die Rechtsanwälte, die ihre Ausbildung in der Zeit vor dem 2. Weltkrieg durchlaufen haben, sind mit Fragen aus den hier interessierenden Rechtsgebieten kaum oder überhaupt nicht in Berührung gekommen[26]. Wenngleich sich dies — wie die heute gesetzlich

---

stand der Klage verfügen können." Siehe dazu auch Kopp, VwGO, § 106 Rdn. 12 unter Hinweis auf BSG NJW 1968, 176 und OVG Münster, DVBl. 1973, 696, jew. m.w.N.

[20] Ule, Rechtstatsachen, S. 163; die entsprechenden Werte für das amts- bzw. landgerichtliche Verfahren betragen 12,6 % und 24,8 % (Baumgärtel / Mes, Rechtstatsachen, S. 227 Fn. 391 f.).

[21] Baumgärtel / Mes, Rechtstatsachen, S. 227 Fn. 392 a.

[22] Rechtstatsachen, S. 137 ff.

[23] Rechtstatsachen, S. 114 f.

[24] Allgemein zur verwaltungsrechtlichen Qualifikation der deutschen Volljuristen vgl. nur Becker, in: Verwaltungsausbildung, S. 9 ff. mit der Forderung, daß eine Konsonanz zwischen Vorbereitung, Prüfung und Beruf hergestellt werden müsse.

[25] Vgl. etwa für den Bereich des Sozialrechts Plagemann, NJW 1975, 1392 ff., allerdings mit der optimistischen Einschätzung, daß eine Änderung der gebührenrechtlichen Vorschriften eine stärkere Beteiligung der Anwälte an Sozialgerichtsverfahren nach sich ziehen werde.

[26] Vgl. dazu, insbesondere hinsichtlich des Verhältnisses der Rechtsanwälte zur Sozialgerichtsbarkeit Hennecke, MDR 1956, 201; siehe in diesem Zusammenhang auch Rabe, NJW 1971, 1385, 1388 f., sowie Rasehorn, NJW 1971, 1166 zu Fragen einer Ausbildungsreform.

III. Korrektur der Rechtsprechung

verankerten Ausbildungsgänge der Juristen zeigen[27] — zumindest in der Theorie gebessert hat, wird dem Bereich des gesamten öffentlichen Rechts, insbesondere dem Verwaltungsprozeßrecht, im Verlaufe der herkömmlichen Juristenausbildung noch zu wenig Beachtung geschenkt.

Auch die nunmehr in den Justizbildungsgesetzen verankerte einhalbjährige Ausbildung bei einer Verwaltungsbehörde dient nicht immer der Ausbildung auf dem Gebiet des öffentlichen Rechts:

Nicht selten werden die Rechtsreferendare — vornehmlich bei kleineren Behörden und den Rechtsämtern der Stadtverwaltungen — mit allgemeinen rechtlichen Aufgaben aller Rechtsgebiete befaßt, so daß die Tätigkeit der dort in der Ausbildung befindlichen Juristen der in einer durchschnittlichen Allgemeinpraxis eines Rechtsanwaltes nahekommt[28]: Die als Ausbilder fungierenden Verwaltungsbeamten lassen die Referendare überwiegend diejenigen Vorgänge bearbeiten, die *nicht* das *übliche* (öffentlich-rechtliche) Arbeitsgebiet der Behörde betreffen.

Trotz der Höherbewertung öffentlich-rechtlicher Materien im Zusammenhang mit der juristischen Ausbildung werden auch heute noch von Ausbildern und auszubildenden Rechtsreferendaren vorrangig die „traditionellen" Rechtsgebiete des Zivil- und Zivilprozeßrechts sowie Straf- und Strafprozeßrecht in den Vordergrund der Ausbildung gestellt.

Neben der verbesserungs- (= intensivierungs-) würdigen Ausbildung stellt die erhebliche Stoffülle im öffentlichen Recht selbst erhöhte Anforderungen an die fachliche Qualifikation der mit Fragen aus diesem Fachgebiet befaßten Rechtsanwälte[29].

Abgesehen davon, daß trotz der Schaffung des Verwaltungsverfahrensgesetzes[30] noch verschiedene Grundfragen des allgemeinen Verwaltungsrechts der Kodifikation bedürfen[31], schafft schon die Vielzahl der vorhandenen Einzelgesetze und -vorschriften[32] für den nur vereinzelt mit den jeweiligen Spezialfragen befaßt Rechtsanwalt[33] einen nicht zu unterschätzenden Problembereich[34].

---

[27] Vgl. nur § 20 JAG Rhl.-Pf., §§ 22 Abs. 2 Nr. 2 c, 23 Abs. 2 Nr. 3 a—k JAPO Rhl.-Pf. (GVBl. 1973, S. 2, zuletzt geändert durch VO v. 17.2.77, GVBl. S. 53).

[28] Hinzu kommt, daß sich die Bearbeitung öffentlich-rechtlicher Fälle zumeist auf gutachterliche Tätigkeit im *materiellen* Recht beschränkt.

[29] Zurückhaltend formuliert Kopp, Bay VBl. 1977, 513, 526: „Die Streitsachen vor den Verwaltungsgerichten sind in rechtlicher und tatsächlicher Hinsicht sicher nicht einfacher gelagert als vergleichbare zivilrechtliche Streitigkeiten."

[30] Vom 25. Mai 1976, BGBl. I S. 1253.

[31] Vgl. Stelkens / Bonk / Leonhardt, VwVfG, Einl. Rdn. 61 ff.

[32] Vgl. nur die entsprechende Darstellung bei Lange, DVBl. 1979, 533.

[33] Vgl. Commichau, NJW 1977, 1361, 1370; siehe auch die beeindruckende Zusammenstellung der Gegenstände verwaltungsgerichtlicher Verfahren bei Ule, Rechtstatsachen, S. 110 ff.

3. Die verfahrensrechtliche Stellung des Anwalts

In Zusammenhang mit dem soeben angesprochenen Fragenkomplex[35] steht die von den im öffentlichen Recht tätigen Anwälten in besonderem Maße geforderte Flexibilität bezüglich der Änderungen der rechtlichen Grundlagen[36].

Die notwendige Fortbildung der Rechtsanwälte ist überdies mit erhöhtem Zeitaufwand verbunden — auch hierin liegt ein Grund für die mangelnde diesbezügliche Initiative der Anwaltschaft.

3. Die Stellung des Rechtsanwalts im verwaltungsgerichtlichen Verfahren aufgrund positiv-rechtlicher Verfahrensvorschriften

Neben der Regelung hinsichtlich des Untersuchungsgrundsatzes gem. § 86 Abs. 1 VwGO bestehen verschiedene Konkretisierungen dieser Prozeßmaxime, aber auch der Mitwirkungspflicht der Beteiligten und ihres Anspruchs auf Gewährung rechtlichen Gehörs; einzelne Bestimmungen[1] betreffen darüber hinaus *unmittelbar* die Befugnisse und Stellung des bevollmächtigten Rechtsanwalts[2].

a) § 87 VwGO (vorbereitende Prozeßleitung)

Der sämtliche Prozeßordnungen durchziehende Konzentrationsgrundsatz[3] gilt auch für die Verwaltungsgerichtsordnung. Aufgrund des im

---

[34] Dazu, daß die zunehmende Kompliziertheit des materiellen Rechts selbst im Bereich der ordentlichen Gerichtsbarkeit eine entscheidende Ursache für die Verzögerung der Rechtsstreite ist, vgl. Baumgärtel, JZ 1971, 441, 443 m.w.N.; zu den sich aus dem technischen Fortschritt ergebenden Belastungen des Verwaltungsrichters siehe Bender, NJW 1978, 1945, 1951; vgl. auch Schmidt, NJW 1978, 1769 f.; zum Mangel an kompetenten Rechtsanwälten für den Bereich des Sozialrechts Scherl, Rechtshilfe, S. 133.

[35] Vgl. in diesem Zusammenhang die abwertende Stellungnahme Ostlers (BayVBl. 1976, 193, 194) zur *allgemeinen* Qualifikation der Anwaltschaft: „... weil leider die Anwaltsschwemme nicht überwiegend aus guten Juristen besteht."

[36] Nicht übersehen werden darf auch, daß nach den vorliegenden empirischen Befunden die fachlich besonders qualifizierten Rechtsanwälte sich überwiegend auf die Gebiete des Wirtschafts- und Steuerrechts sowie der Wirtschaftsberatung spezialisieren. Vgl. dazu die Nachweise bei Scherl, Rechtshilfe, S. 133 Fn. 225, 226.

[1] Die folgenden Ausführungen sind nur als Hinweise zu verstehen und sollen keine Erläuterungen zu den einzelnen Regelungen darstellen.

[2] Vgl. auch Schneider, NJW 1977, 873 ff., zu dem institutionellen Zusammenhang zwischen Anspruch auf rechtliches Gehör und Rechtsanwalt; etwas überzeichnet erscheint jedoch seine Schlußfolgerung (NJW 1977, S. 877): „... gäbe es den Rechtsanwalt nicht, was nützte dem Rechtsuchenden sein Grundrecht auf rechtliches Gehör?"; zu den formellen Voraussetzungen einer ordnungsgemäßen Prozeßvertretung vgl. Schultze-Lock, SGb 1974, 133 ff.

[3] Vgl. Redeker / von Oertzen, VwGO, § 87 Rdn. 1; Kopp, VwGO, § 86 Rdn. 30, § 87 Rdn. 1; Meyer-Ladewig, SGG, § 106 Rdn. 1; Baumbach / Lauterbach, ZPO, Übersicht § 253 Anm. 2 E.

III. Korrektur der Rechtsprechung

Verwaltungsprozeß besonders langen Zeitraumes zwischen Klageerhebung und mündlicher Verhandlung[4] ergeben sich für den Anwalt in diesem Verfahrensstadium verschiedene Möglichkeiten der Prozeßbeeinflussung und -kontrolle, da den Beteiligten Zeit für eine umfassende Vorbereitung des Verhandlungstermins bleibt[5].

b) §§ 103, 104 VwGO (Ablauf und Inhalt der mündlichen Verhandlung)

Nach § 108 Abs. 1 VwGO entscheidet das Gericht zwar nach seiner freien, aus dem *Gesamtergebnis des Verfahrens* gewonnenen Überzeugung.

Die die Entscheidung ermöglichende Sachaufklärung erfolgt abschließend jedoch erst in der mündlichen Verhandlung: §§ 103, 104 Abs. 1 VwGO betonen das Prinzip der richterlichen Erörterung der Sach- und Rechtslage mit den Beteiligten, wie es im gesamten Verfahren nach § 86 VwGO gilt, auch für die mündliche Verhandlung[6].

c) §§ 100, 99 VwGO (Akteneinsicht und Vorlage der Verwaltungsvorgänge)

Gem. § 100 Abs. 1 VwGO können die Gerichtsakten und die dem Gericht vorgelegten Unterlagen, Beiakten und Urkunden von den Beteiligten *eingesehen* werden.

Eine *Überlassung* der Akten kann nach dem Ermessen des Gerichts *nur* an den bevollmächtigten Rechtsanwalt erfolgen[7]; diese Möglichkeit stellt ein äußerst wichtiges Privileg dar:

Das konzentrierte, zeitlich nicht beschränkte Studium der Originalakten ist nämlich auch nicht durch die Anfertigung von Auszügen gem. § 100 Abs. 2 S. 1 VwGO zu ersetzen[8].

---

[4] Vgl. die umfassende, nach Fachgebieten differenzierte Aufstellung der Terminierungsfristen bei Ule, Rechtstatsachen, S. 130 ff.

[5] Ule (Rechtstatsachen), S. 124 ff. hat die Einzelheiten der Verhandlungsvorbereitung dargestellt; interessant erscheint, daß in überdurchschnittlich vielen Fällen der durch einen Bevollmächtigten *vertretene* Kläger vom Gericht zur Ergänzung der Klage, zur Klagebegründung oder zur Einreichung von Unterlagen aufgefordert werden mußte, vgl. Ule, Rechtstatsachen, S. 124.

[6] So Redeker / von Oertzen, VwGO, § 104 Rdn. 1.

[7] Vgl. im einzelnen OVG Münster v. 29.8.77, AnwBl. 1978, 179.

[8] Vgl. aber zu § 29 VwVfG Stelkens / Bonk / Leonhardt, VwVfG, § 29 Rdn. 25; Knack, VwVfG, § 29 Rdn. 6; Ule / Laubinger, Verwaltungsverfahrensrecht, S. 108.

3. Die verfahrensrechtliche Stellung des Anwalts

d) § 67 VwGO (Anwaltszwang)[9]

Die obligatorische Mitwirkung eines Rechtsanwalts ist für das Verfahren vor dem Bundesverwaltungsgericht vorgesehen[10]. Dieses Anwaltserfordernis gilt allerdings nicht nur für den Kläger, sondern für jeden Beteiligten im Sinne des § 63 VwGO[11].

e) § 162 VwGO (Umfang der Kostenpflicht)

Nach § 162 Abs. 2 VwGO sind die Gebühren und Auslagen eines Rechtsanwalts als Prozeßbevollmächtigten stets erstattungsfähig[12], wobei dies ohne die Einschränkung des § 91 Abs. 2 ZPO gilt, nach welchen Kosten eines nicht am Sitz des Gerichts tätigen Rechtsanwalts nur erstattungsfähig sind, wenn seine Zuziehung notwendig gewesen ist[13].

Der Gesetzgeber hat damit ausdrücklich[14] den Beteiligten die Einschaltung eines qualifizierten, mit den Fragen des Verwaltungsrechts vertrauten Rechtsanwalts ermöglichen wollen; schon aus dieser Zielsetzung spricht eine gewisse negative Einschätzung der Anwaltschaft.

f) § 166 VwGO (Armenrecht)

Nach § 166 Abs. 1 VwGO sind die das Armenrecht betreffenden Vorschriften der §§ 114 ff. ZPO entsprechend anzuwenden[15].

Mit der Bewilligung des Armenrechts erhält der Antragsteller u.a. das Recht auf Beiordnung eines Rechtsanwalts, wenn eine anwaltliche Vertretung geboten ist[16]. Im Gegensatz zum Zivilprozeß spielt die Bewilli-

---

[9] Vgl. allgemein zu dieser auch vor Schaffung der VwGO umstrittenen Frage: Bachof, DVBl. 1954, 256 f.; ders., DVBl. 1954, 392 f.; siehe auch die „freundlichere" Bezeichnung Barings (DVBl. 1961, 349, 358, ebenso Redeker / von Oertzen, VwGO, § 67 Rdn. 1): „Anwaltserfordernis"; zur geschichtlichen Entwicklung: Sauer, DRiZ 1970, 293 f.; siehe ferner Ule, DVBl. 1954, 320 f.
[10] Zu den Voraussetzungen für die Anordnung der Bestellung eines Bevollmächtigten vgl. Bay VGH, VGHE 30, 11; siehe ferner OVG Berlin DöV 1977, 795, vgl. auch Redeker / von Oertzen, VwGO, § 67 Rdn. 1 ff.
[11] Zu den Ausnahmen hinsichtlich des Oberbundesanwaltes (§ 35 VwGO) und des Vertreters des öffentlichen Interesses (§ 36 VwGO) vgl. Kopp, VwGO, § 67 Rdn. 6; ferner Redeker / von Oertzen, VwGO, § 67 Rdn. 3.
[12] Vgl. hierzu schon Geiger, MDR 1960, 884.
[13] Vgl. in diesem Zusammenhang zur Möglichkeit, einen Rechtsanwalt mit besonderen Kenntnissen auf Spezialmaterien zuzuziehen, Zöller / Mühlbauer, ZPO, § 91 Anm. 5; siehe auch Baumbach / Lauterbach, ZPO, § 91 Anm. 5 — Rechtsanwalt B-.
[14] BT-DS III/55, 48.
[15] Diese Verweisung gilt allerdings nur für das verwaltungsgerichtliche Verfahren, nicht aber für das Vorverfahren.
[16] Wie die nachfolgenden Ausführungen zeigen, ist dies — trotz etwa der im Bereich des Verwaltungsrechtsstreits geringfügig abgeschwächten Formenstrenge (dazu Vollkommer, Formenstrenge, S. 90 ff.) beinahe ausnahmslos der Fall.

gung des Armenrechts im Verwaltungsprozeß nur eine untergeordnete Rolle[17].

4. Mittel zur Durchsetzung des Untersuchungsgrundsatzes

a) Umfassender rechtlich aufbereiteter Tatsachenvortrag

Es stellt keinen Widerspruch dar, von dem Prozeßbevollmächtigten eines Beteiligten im Verwaltungsrechtsstreit zur Durchsetzung des Untersuchungsgrundsatzes gerade dasjenige prozessuale Verhalten zu verlangen, das vordergründig betrachtet den Anforderungen des Verhandlungsgrundsatzes[1] gerecht wird.

Tatsachenvortrag und Aufzeigen seiner rechtlichen Relevanz sind auch in einem der Untersuchungsmaxime unterfallenden Verfahren die nächstliegende Möglichkeit, die Beachtung eben dieser Maxime durch das Gericht zu erzwingen; die Gründe für diese eigentümlich anmutende Tatsache wurden oben schon angedeutet:

Zunächst muß der Prozeßvertreter darum besorgt sein, dem Gericht für die verschiedenen Sachverhaltsmöglichkeiten genügend Anhaltspunkte „anzubieten", um es aus seiner Passivität zu drängen:

Hat das Gericht derartige Anhalte in ausreichendem Maß vorliegen gehabt, ist es ihm von vornherein verwehrt, eine oder mehrere der in Betracht kommenden Sachverhaltsvarianten mit der Begründung unaufgeklärt zu lassen, die betreffende Möglichkeit habe der Sachverhalt nicht nahegelegt[2].

In eine geringfügig abweichende Richtung zielt die — sich äußerlich wie ein Gemeinplatz darstellende — Anregung, dem Gericht auch die rechtlichen Auswirkungen der in Frage stehenden Sachverhaltsmodalitäten aufzuzeigen; vorab muß jedoch darauf hingewiesen werden, daß diese Notwendigkeit antizipierter rechtlicher Würdigung nicht *unmittelbar* auf der Unterscheidung zwischen Verhandlungs- und Untersuchungsgrundsatz beruht: Unter beiden Prozeßmaximen liegt die uneingeschränkte Verantwortung die Anwendung des Rechts auf den festgestellten Sachverhalt bei dem Gericht.

Die Notwendigkeit rechtlicher Ausführungen ergibt sich vielmehr aus der bereits aufgezeigten[3] rechtlichen Grenze des Untersuchungsgrundsatzes: Kommt das Gericht im Laufe der Überprüfung zu der Überzeu-

---

[17] Siehe zu der äußerst geringen Zahl der Armenrechtsbewilligungen und Anwaltsbeiordnungen Ule, Rechtstatsachen, S. 108.
[1] Zwar nicht hinsichtlich der rechtlichen Aufbereitung, aber bezüglich des reinen Tatsachenvortrages.
[2] Vgl. dazu schon oben II. 2. a. mit Hinweis auf die abweichende h.M.
[3] Vgl. insoweit auch Kollhosser, Verfahrensbeteiligte, S. 112.

gung, der bisher von ihm als feststehend erachtete Sachverhalt reiche nach Maßgabe des hinsichtlich der streitigen Fragen eingenommenen Rechtsstandpunktes für eine Entscheidung aus, *endet die gerichtliche Aufklärungspflicht*[4].

Ein Wiederaufleben der Aufklärungspflicht und damit — eine ordnungsgemäße Prozeßleitung durch das Gericht unterstellt — eine Wiederaufnahme der Sachverhaltsermittlung läßt sich in diesem Stadium dadurch erreichen, daß die bisher feststehende Rechtsauffassung des Gerichts erschüttert wird[5]; auf die damit in Zusammenhang stehende Notwendigkeit, daß das Gericht die Beteiligten über seinen Rechtsstandpunkt nicht im unklaren läßt[6], wurde bereits hingewiesen.

b) Die Stellung von Beweisanträgen nach § 86 Abs. 2 VwGO

Gem. § 86 Abs. 2 VwGO kann ein in der mündlichen Verhandlung gestellter Beweisantrag[7] nur durch einen Gerichtsbeschluß, der zu begründen ist, abgelehnt werden.

Trotz der in dieser Hinsicht mißverständlichen Hinweise aus dem Gesetzgebungsverfahren[8] steht diese Bestimmung in weniger engem Zusammenhang mit dem Untersuchungsgrundsatz, als dies zunächst den Anschein hat; vor allem ist festzustellen, daß das Gericht in der Sache an die Beweisanträge der Beteiligten *nicht gebunden* ist[9].

Weiter darf nicht übersehen werden, daß an ein Eingreifen dieser Bestimmungen zu Recht weitgehende formale Anforderungen gestellt werden[10]:

---

[4] Hierin zeigt sich die richterliche Alleinverantwortlichkeit hins. der Sachverhaltsfeststellung: Vorgaben bezügl. der Rechtsauffassung des Gerichts und Umfang der Aufklärungspflicht stehen in einer engen, nur der Beeinflussung durch den Richter unterliegenden Wechselbeziehung; vgl. zur richterlichen Verantwortlichkeit für die Vollständigkeit des der Entscheidung zugrunde gelegten Tatsachenmaterials auch Habscheid, Freiwillige Gerichtsbarkeit, S. 103.

[5] Dies kann dazu führen, daß der bisher festgestellte Sachverhalt *nicht* mehr für die ursprünglich intendierte Entscheidung des Gerichts ausreicht; vgl. in ähnlichem Sinne auch Kollhosser, Verfahrensbeteiligte, S. 112.

[6] Siehe hierzu Schäfer, Bay VBl. 1978, 454, 456.

[7] Vgl. dazu BVerwG v. 19.8.74, Bay VBl. 1974, 682 = VerwRspr. 26, 383; siehe auch BVerwG DAR 1977, 250.

[8] Vgl. die bisherige Stellungnahme der Bundesregierung zu den Änderungsvorschlägen des Bundesrates, BT-DS III/55, S. 81

[9] § 86 Abs. 1 S. 2 VwGO; siehe dazu Kopp, VwGO, § 86 Rdn. 14: „Die VwGO überläßt es im Interesse einer möglichst umfassenden, den Erfordernissen des konkreten Falles angepaßten Aufklärung des Sachverhalts grundsätzlich dem Ermessen des Gerichts, welche Mittel es zur Erforschung des Sachverhalts anwendet."

[10] Vgl. Redeker / von Oertzen, VwGO, § 86 Rdn. 13; Schunck / de Clerck, VwGO, § 86 Anm. 2, jeweils m.w.N.

Ein Beweisantrag im Sinne des § 86 Abs. 2 VwGO liegt daher nicht vor, wenn er nur in einem Schriftsatz enthalten ist[11], wenn er nur hilfsweise gestellt wird[12] und wenn nicht bestimmte Beweismittel für bestimmte tatsächliche Behauptungen angeboten werden[13]. Die Einzelheiten sind allerdings umstritten[14].

Neben diesem formal eingegrenzten Anwendungsbereich ist zu berücksichtigen, daß § 86 Abs. 2 VwGO nichts an der bestehenden „doppelten Beweisfreiheit"[15] des Gerichts ändert, nämlich

— der Freiheit, über das *Ob* einer Beweisaufnahme zu entscheiden — diese Entscheidung hängt nach der hier vertretenen Auffassung allein von der Frage ab, ob das Gericht von der Vollständigkeit des ermittelten Sachverhalts überzeugt ist und sein konnte;

— der Freiheit, über das *Wie* einer für notwendig erachteten Beweisaufnahme zu befinden.

Diese Regelung besagt nämlich „nichts über die sachlichen Voraussetzungen für die Ablehnung oder Stattgabe der in der mündlichen Verhandlung gestellten Beweisanträge; für sie gilt insoweit das gleiche wie für sonstige Beweisanträge"[16].

Hinsichtlich der Frage, unter welchen Voraussetzungen Beweisanträge — schriftsätzlich oder mündlich gestellt — *abgelehnt* werden können, besteht in Literatur[17] und Rechtsprechung[18] zumindest insofern Übereinstimmung als die zulässigen Ablehnungsgründe mit denen der §§ 286 ZPO, 244 StPO „im wesentlichen identisch" seien[19]; dem kann in dieser pauschalen Form nicht beigepflichtet werden:

Insbesondere muß präzise abgegrenzt werden, unter welchen Voraussetzungen das Gericht von der beantragten Beweiserhebung aufgrund Wahrunterstellung[20] abzusehen berechtigt ist, und wann der Beweis-

---

[11] BVerwG NJW 1972, 124; NJW 1963, 877.

[12] BVerwG NJW 1963, 877; E 30, 57.

[13] BVerwG DVBl. 1964, 193.

[14] Siehe dazu Redeker / von Oertzen, VwGO, § 86 Rdn. 11; Kopp, VwGO, § 86 Rdn. 19.

[15] Vgl. darüber hinaus zur Freiheit der Beweis*würdigung* Blomeyer, Beweislast, S. 14 ff.

[16] Schunck / de Clerck, VwGO, § 86 Anm. 2 a.

[17] Vgl. Schunck / de Clerck, VwGO, § 86 Anm. 2 a; Redeker / von Oertzen, VwGO, § 86 Rdn. 14; Kopp, VwGO, § 86 Rdn. 21.

[18] Siehe nur BVerwG NJW 1968, 1441, BVerwGE 25, 226; 39, 36; BVerwG DöV 1964, 561.

[19] Redeker / von Oertzen, VwGO, § 86 Rdn. 14 unter Hinweis auf BVerwG, VerwRspr. 24, 413.

[20] Vgl. zum Begriff für den Bereich des Strafprozesses Kleinknecht, StPO, § 244 Rdn. 63.

4. Mittel zur Durchsetzung des Untersuchungsgrundsatzes

antrag mit der Begründung abgelehnt werden kann, auf die betreffende Frage komme es nach Auffassung des Gerichts nicht an[21].

Nach der hier vertretenen Auffassung richtet sich die Berechtigung zur abschlägigen Bescheidung von Beweisanträgen neben der Frage der Zulässigkeit des Beweisangebots[22] allein nach der Reichweite des Untersuchungsgrundsatzes und der gerichtlichen Aufklärungspflicht:

Ist das Gericht berechtigt, von sich aus die Sachverhaltsermittlungen einzustellen, wenn der festgestellte Sachverhalt nach seiner Überzeugung zur Fallentscheidung ausreicht, kann es mit der gleichen Begründung ausdrücklich gestellte Beweisanträge ablehnen[23]; in ähnlichem Sinne geht die überwiegende Literatur davon aus, ein Beweisantrag könne abschlägig beschieden werden, wenn „es auf die Beweistatsachen nicht ankommt oder das Gericht sie als wahr unterstellt"[24], „es auf die Beweistatsache aus Rechtsgründen nicht ankommt"[25], „die Beweistatsache unerheblich ist (das Gericht also die Tatsache als wahr unterstellen kann)"[26] bzw. „die zu beweisende Tatsache ohne Bedeutung oder schon erwiesen ist,... als wahr unterstellt werden kann..."[27].

Die von der Literatur herausgearbeiteten Sonderfälle der Zulässigkeit einer Ablehnung von Beweisanträgen[28] stellen daher in Wahrheit lediglich kasuistische Konkretisierungen der erarbeiteten Formel[29] dar; zutreffend stellt Ule[30] insoweit fest:

„Obwohl das Gericht den Umfang der Beweisaufnahme nach pflichtgemäßem Ermessen bestimmt, darf es Beweisanträge der Beteiligten nur dann ablehnen, wenn die Erhebung des beantragten Beweises für die Erforschung des Sachverhalts ohne Bedeutung ist. Das ist dann der Fall, wenn die Erhebung des Beweises unzulässig, eine Beweiserhebung wegen Offenkundigkeit überflüssig, die zu beweisende Tatsache für die Entscheidung ohne Bedeutung oder schon erwiesen, das Beweismittel völlig ungeeignet oder unerreichbar ist oder eine erhebliche Behauptung als wahr unterstellt wird."

---

[21] Vgl. BVerwG, VerwRspr. 15, 368.
[22] Siehe Kleinknecht, StPO, § 244 Rdn. 47: „Ein unzulässiger Beweisantrag ist ein solcher, der auf eine unmögliche oder eine verbotene Beweiserhebung abzielt."
[23] Zur Gleichstellung der zulässigen Gründe zur Ablehnung eines Beweisantrages mit denen zur Unterlassung weiterer Ermittlungen von Amts wegen Kopp, VwGO, § 86 Rdn. 21.
[24] Kopp, VwGO, § 86 Rdn. 21.
[25] Redeker / von Oertzen, VwGO, § 86 Rdn. 14.
[26] Eyermann / Fröhler, VwGO, § 86 Rdn. 19.
[27] Schunck / de Clerck, VwGO, § 86 Anm. I b dd.
[28] Vgl. jeweils die Aufzählungen.
[29] Nämlich: Die Ablehnung eines Beweisantrages ist — wie die Unterlassung weiterer Ermittlungstätigkeit von Amts wegen — zulässig, wenn der Rechtsstreit unter Zugrundelegung des bisher festgestellten Sachverhalts und der Rechtsauffassung des Gerichts entscheidungsreif ist.
[30] Verwaltungsprozeßrecht, § 51 I, S. 229.

Die Inbezugnahme des § 244 StPO[31] ist daher nicht angebracht; diese Bestimmung nämlich läßt die Ablehnung eines Beweisangebotes nur unter weitaus engeren Voraussetzungen zu[32].

Die Bedeutung des § 86 Abs. 2 VwGO liegt demgemäß nicht in erster Linie in einer Ausfüllung des Untersuchungsgrundsatzes; diese Bestimmung dient vornehmlich der „Sicherung der Effektivität des Rechts der Beteiligten, ... sich auf die ... Prozeßsituation einzustellen und ggf. neue Tatsachen vorzutragen und neue Anträge (auch Beweisanträge) zu stellen"[33], mithin der Wahrung des rechtlichen Gehörs.

Die sich den Beteiligten durch § 86 Abs. 2 VwGO bietende Möglichkeit, das Gericht zur ordnungsgemäßen Beachtung des Untersuchungsgrundsatzes zu bestimmen, darf indessen nicht unterschätzt werden[34]:

Die Stellung eines Beweisantrages im Verhandlungstermin, verbunden mit der Verpflichtung des Gerichts, diesen Antrag gesondert zu bescheiden[35], stellt zugleich eine eindringliche Mahnung an das Gericht dar, den eigenen Rechtsstandpunkt sowie die entscheidende Frage noch einmal zu überdenken, ob es tatsächlich zu Recht davon ausgehen kann, der Sachverhalt sei abschließend aufgeklärt.

c) Untersuchungsgrundsatz und Ausforschungsbeweis

Durch die strenge Beachtung des Untersuchungsgrundsatzes im Verwaltungsprozeß gewinnt die Figur des Beweisermittlungsantrages[36] zum Zwecke des Ausforschungsbeweises[37] besondere Bedeutung.

Dieses Mittel der Sachaufklärung[38] ist nach allgemeiner Auffassung im Bereich des Zivilprozesses unzulässig[39]; dieser verschiedentlich in Frage gestellten[40] Auffassung ist zu folgen — die im Verhandlungsgrundsatz begründete Alleinverantwortung der *Parteien* hinsichtlich der Samm-

---

[31] So jedoch Redeker / von Oertzen, VwGO, § 86 Rdn. 14 unter Bezugnahme auf BVerwG VerwRspr. 24, 413.

[32] Vgl. dazu im einzelnen Kleinknecht, StPO, § 244 Rdn. 48 ff.

[33] Kopp, VwGO, § 86 Rdn. 18 unter Hinweis auf BVerwGE 12, 286; 15, 175; 17, 268.

[34] Vgl. auch Menger, VerwArch 55 (1964), 376, 388 f.

[35] Redeker / von Oertzen, VwGO, § 86 Rdn. 13; Kopp, VwGO, § 86 Rdn. 18, jeweils m.w.N.

[36] Vgl. zum Begriff Stein / Jonas / Schumann / Leipold, ZPO, § 373 Anm. I.

[37] Siehe Thomas / Putzo, ZPO, § 284 Anm. 2; Grunsky, Grundlagen, S. 442 f.; Stein / Jonas / Schumann / Leipold, ZPO, § 373 Anm. I; Dunz, NJW 1956, 769 ff.; vgl. ferner Lüderitz, Ausforschungsverbot, S. 5 ff.

[38] Vgl. Peters, Ausforschungsbeweis, S. 11.

[39] Stein / Jonas / Schumann / Leipold, ZPO, § 373 I Fn. 5; Thomas / Putzo, ZPO, § 284 Anm. 2; RG HRR 40, 619.

[40] Vgl. Fn. 38 sowie Grunsky, Grundlagen, S. 442 f.

4. Mittel zur Durchsetzung des Untersuchungsgrundsatzes

lung des Prozeßstoffes ist dergestalt aufzufassen, daß jede Partei den ihr günstigen oder zumindest von ihr für günstig erachteten Sachvortrag mit *eigenen Mitteln* zusammenzustellen hat; eine Heranziehung der Gegenpartei gleichsam als Gehilfen zur Vervollständigung des eigenen Vorbringens ist von vornherein ausgeschlossen: Die Zuordnung von Alleinverantwortlichkeit besteht nicht nur aus der Anerkennung von Rechten, sondern auch aus der Zuweisung von Lasten[41].

Peters[42] befürwortet die weitergehende Zulassung des Ausforschungsbeweises mit der Begründung[43], nur die zuverlässige Feststellung des wirklichen Sachverhalts biete die Gewähr, daß die Gerichte zu zutreffenden Erkenntnissen gelangen und ihre Aufgabe, das Recht zu finden und zu wahren, voll erfüllen.

Diesem Gedanken kann zwar für den Bereich des Zivilprozesses aufgrund des ihn beherrschenden Verhandlungsgrundsatzes nicht zugestimmt werden[44]; für den Verwaltungsprozeß jedoch trifft sie den Kern der Sache.

Vorausgeschickt sei allerdings die Feststellung, daß die tatsächliche Bedeutung des Ausforschungsbeweises im Verwaltungsrechtsstreit nicht diejenige im Zivilprozeß erreichen kann; abgesehen davon, daß die ohnehin umfangreiche Sachverhaltsermittlung durch das Gericht weniger offene Sachverhaltsfragen im Streit läßt[45], sind die „klassischen" Fälle des Ausforschungsbeweises, der Unterhaltsprozeß des nichtehelichen Kindes, der Abstammungsprozeß und der Ehescheidungsprozeß — in erster Linie nach dem bis zum 30.6.1977 geltenden Recht —[46] im Bereich des Zivilprozesses angesiedelt.

Dennoch wird leicht übersehen, daß auch im Rahmen eines Verwaltungsrechtsstreits vielfältige Tatsachen entscheidungserheblich sein können, hinsichtlich deren Vorliegen weder Kläger noch das Gericht Anhaltspunkte, geschweige denn Kenntnis, haben können. Zu denken ist hier insbesondere an sogenannte „innere Tatsachen"[47], die der ange-

---

[41] In diesem Zusammenhang darf nicht übersehen werden, daß die entsprechende Lastenverteilung sich in erster Linie nach dem materiellen Recht richtet, das überwiegend sachgerechte Regelungen trifft. Die Möglichkeit eines Ausforschungsbeweises könnte daher auch der materiell-rechtlichen Beweislastverteilung zuwiderlaufen.
[42] Ausforschungsbeweis, S. 11.
[43] Peters, Ausforschungsbeweis, S. 5.
[44] Peters, Fn. 43, stützt sich zur Untermauerung seiner Forderung demgemäß auch vornehmlich auf die Gesichtspunkte der Wahrheitspflicht der Parteien — dazu Welzel, Wahrheitspflicht, S. 5 ff. —, der Geltung des Grundsatzes von Treu und Glauben und der Berücksichtigung der Belange der Gegenpartei.
[45] Die geringe Zahl der Beweisaufnahmen im Verwaltungsprozeß wurde bereits erwähnt.
[46] Vgl. Peters, Ausforschungsbeweis, S. 17 ff.
[47] Zum Begriff vgl. Schellhammer, Arbeitsmethode, Rdn. 30, 212; in bezug

90 III. Korrektur der Rechtsprechung

fochtenen Verwaltungsentscheidung oder ihrer Verweigerung durch den jeweiligen Amtswalter zugrunde liegen. Als Beispiel mag hier auf alle Fälle hingewiesen werden, in denen der Verwaltungsbehörde ein Beurteilungs-[48] oder Ermessensspielraum[49] eingeräumt ist. Hier kann der klagende Bürger vielfach allenfalls aufgrund von Indizien Bedenken gegen die ordnungsgemäße Ausübung des Ermessens oder die zutreffende Ausfüllung des Beurteilungsspielraums konkretisieren.

In gleichem Maße, wie etwa die Überprüfung leicht fällt, ob die Verwaltungsbehörde die äußeren Grenzen des Ermessens eingehalten hat, bestehen Schwierigkeiten, Mängel in der das Ermessen ausfüllenden Willensbildung seitens des Amtswalters aufzudecken.

Ein Beispiel soll dies verdeutlichen:

In einer Gemeinde wird eine Erschließungsanlage nach dem geltenden Kommunalabgabengesetz erstellt; durch diese Anlage wird ein bestimmtes Grundstück — dies sei unterstellt — im Sinne des einschlägigen Kommunalabgabengesetzes erschlossen.

Das fragliche Grundstück steht im Eigentum von 4 Miteigentümern zu je 1/4. Im Grundbuch sind diese Eigentümer[50] als Eigentümer zu 1) bis 4) eingetragen.

Nach Fertigstellung der Erschließungsanlage erläßt die erschließende Gemeinde die entsprechenden Beitragsbescheide. Da im Falle eines an einem erschlossenen Grundstück bestehenden Miteigentums mehrerer Berechtigter diese Miteigentümer als Gesamtschuldner für die Beitragsforderung haften[51], nimmt die Gemeinde in bezug auf das Beispielgrundstück den Miteigentümer zu 1) auf Leistung des vollen auf ihm entfallenden Erschließungsbeitrages in Anspruch.

Gegen den betreffenden Erschließungsbeitragsbescheid erhebt der Miteigentümer zu 1) nach erfolglosem Widerspruchsverfahren Klage.

Die Inanspruchnahme eines Gesamtschuldners steht zwar im Ermessen der Behörde[52]; die Heranziehung des Miteigentümers zu 1) *als solche* ist daher nicht zu beanstanden.

---

auf einen möglichen Ermessensmißbrauch: Wolff/Bachof, Verwaltungsrecht I, § 31 II. d. 2.

[48] Vgl. zu diesen verschiedenen verwaltungsrechtlichen Instituten zur möglichst gerechten und zweckmäßigen Anpassung der konkreten Rechtsgestaltung an die besonderen Gegebenheiten von Einzelfällen Wolff/Bachof, Verwaltungsrecht I, § 31 II und I. c. 3.

[49] Dazu Wolff/Bachof, Verwaltungsrecht I, § 31 II. d. 1. a.

[50] Entsprechend § 47 GBO; vgl. dazu Horber, GBO, § 47 Anm. 2 B b.

[51] Vgl. zur Rechtslage nach § 134 Abs. 1 S. 2 BBauG Schmidt, Handbuch, S. 517 f.

[52] Vgl. näher Koch, AO, § 44 Rdn. 6.

4. Mittel zur Durchsetzung des Untersuchungsgrundsatzes

Der betroffene Miteigentümer kann jedoch nicht feststellen, ob

— die Behörde überhaupt das ihr eröffnete und damit vorgeschriebene[53] Ermessen[54] ausgeübt, oder ihn lediglich deshalb herangezogen hat, weil er im Grundbuch an 1. Stelle der genannten Eigentümer eingetragen ist;

— die Behörde das Ermessen unter Abwägung aller erheblichen Umstände ausgeübt hat;

— sachfremde Erwägungen in die Entscheidungsbildung seitens der Behörde eingeschlossen sind[55].

Wenn für evtl. Ermessensfehler keine Anhaltspunkte vorliegen, wird das Gericht — auch nach der hier vertretenen Auffassung in Übereinstimmung mit dem Untersuchungsgrundsatz — diesem Gesichtspunkt keine weitere Bedeutung beimessen, insbesondere nicht in dieser Richtung ermitteln. In dieser prozessualen Situation treten die Möglichkeiten eines Beweisermittlungsantrages zutage:

Einen echten *Beweisantrag* zu stellen, ist dem Kläger nicht möglich; zum einen wird er schwerlich ein bestimmtes — notgedrungen konstruiertes — Beweisthema[56] angeben können[57]. Dies gilt insbesondere unter Berücksichtigung der Tatsache, daß die in Betracht kommenden Ermessensfehler derart vielgestaltig sind, daß eine umfängliche „Abdeckung" durch ein weitgefaßtes Beweisthema von vornherein unmöglich ist.

Zum anderen — und dieser Gesichtspunkt dürfte schwerer wiegen — geriete der Beweisführer mit der Stellung eines entsprechenden Beweisantrages u.U. in Konflikt mit der ihn auch im Verwaltungsprozeß treffenden[58] Wahrheitspflicht.

Wenn *Grunsky*[59] die Auffassung vertritt, die Wahrheitspflicht verbiete es den Parteien nur, eine Behauptung aufzustellen, von der sie genau wüßten, daß sie unrichtig sei[60], kann dem in dieser weitgehenden Form nicht zugestimmt werden:

---

[53] Vgl. Wolff / Bachof, Verwaltungsrecht I, § 31 II. d. 1. B.
[54] § 44 AO; vgl. zur Unterscheidung zum Beurteilungsspielraum auch Czermak, JZ 1963, 276 ff.; ders., DRiZ 1964, 38, 41.
[55] Vgl. zu weiteren Ermessensfehlern ausführlich Wolff / Bachof, Verwaltungsrecht I, § 31 II; Kopp, VwGO, § 114 Rdn. 7 ff.; Redeker / von Oertzen, VwGO, § 114 Rdn. 20, § 42 Rdn. 147 ff. mit umfangreichen Nachweisen.
[56] In einem Beweisantrag müssen bestimmte Beweismittel für bestimmte Tatsachen benannt werden, BVerwG DVBl. 1964, 193.
[57] Auch die Bezeichnung des Beweismittels kann Schwierigkeiten bereiten, wenn etwa dem Kläger die Person eines bestimmten Amtswalters nicht bekannt ist.
[58] §§ 138 Abs. 1 ZPO, 173 VwGO; vgl. Baumbach / Lauterbach, ZPO, § 138 Anm. 6.
[59] Grundlagen, S. 444.

Zum einen kann diese Auffassung in Fällen keine Geltung beanspruchen, in denen verschiedene Tatsachen behauptet und unter Beweis gestellt werden, die — jede für sich betrachtet — möglich sind, sich aber widersprechen und ausschließen[61]. Auf den Beispielsfall bezogen, bedeutet dies: Der Kläger kann nicht zugleich Beweis erbieten für die Behauptung

— der Amtswalter X habe das ihm eröffnete Auswahlermessen überhaupt nicht ausgeübt;

— der Amtswalter X habe in seiner Ermessensausübung sachfremde Erwägungen einfließen lassen.

Doch auch ohne Berücksichtigung des obigen Gesichtspunkts steht *Grunskys*[62] Auffassung in Widerspruch zur prozessualen Wahrheitspflicht.

Diese Wahrheitspflicht[63] bedeutet die Pflicht zur „subjektiven Wahrhaftigkeit"[64].

Welzel[65] hat zutreffend ausgeführt:

„Andererseits wäre die Wahrheitspflicht zu eng begrenzt, wollte man der Partei die willkürlichsten Behauptungen gestatten, außer in dem Falle, daß sie deren Unwahrheit positiv kennt. Vielmehr müssen aus dem Zweckgedanken des § 138 heraus — dem Kampf gegen die Unredlichkeit der Prozeßführung — auch solche Behauptungen verboten sein, die die Partei einfach aus der Luft greift und für die sie nicht den geringsten Anhalt hat."

Diese Stellungnahme hat in Rechtsprechung und Literatur zu Recht großen Widerhall gefunden[66].

Bezogen auf den gewählten Beispielsfall bedeutet dies:

Der Kläger kann den oben angeführten Beweisantrag nicht stellen; es ist ihm aber nicht verwehrt, einen Beweisermittlungsantrag[67] dahingehend zu stellen, das Gericht möge den Sachverhalt hinsichtlich der Frage weiter aufklären, ob und ggf. unter Zugrundelegung welcher Erwägungen die Verwaltungsbehörde das ihr eingeräumte Ermessen ausgeübt hat. Als Beispiel für fehlerhafte Ermessensausübung könnte und sollte der Kläger die oben angeführten Erwägungen angeben, um seinen Vortrag nicht auf abstrakte Rechtsausführungen zu beschränken.

---

[60] „Dagegen ist § 138 ZPO kein Hindernis dafür, eine Tatsache zu behaupten, die immerhin möglich ist" (Grunsky, a.a.O.).

[61] Differenzierend: Thomas / Putzo, ZPO, § 138 Anm. 2 c unter Hinweis auf BGH 19, 387.

[62] Grundlagen, S. 444.

[63] Vgl. zum Begriff schon Kisch, DJZ 1936, 912, 918 f.

[64] Thomas / Putzo, ZPO, § 138 Anm. I. 1.

[65] Wahrheitspflicht, S. 8; dazu Peters, Ausforschungsbeweis, S. 68.

[66] Vgl. Peters, Ausforschungsbeweis, S. 68 f. mit umfangreichen Nachweisen.

[67] Auch: „Beweisanregung"; vgl. näher Kleinknecht, StPO, § 244 Rdn. 44 m.w.N.

4. Mittel zur Durchsetzung des Untersuchungsgrundsatzes

Die Effizienz eines derartigen Beweisermittlungsantrages[68] zeigt sich darin, daß das Gericht *nunmehr* nicht mehr befugt ist, die entsprechenden Hinweise zu übergehen; die Unterlassung einer weitergehenden Sachverhaltsermittlung wäre — unter Zugrundelegung des hier vertretenen Begriffs des Untersuchungsgrundsatzes — nur dann zulässig, wenn das Gericht nach Prüfung der ihm durch den Kläger unterbreiteten Anregungen der Auffassung ist, die behaupteten Sachverhaltsmodalitäten — ihre Wahrheit unterstellt — könnten keinen Einfluß auf das Ergebnis des Rechtsstreits haben.

Dies wäre, wiederum bezogen auf den Beispielsfall, etwa dann möglich, wenn das Gericht bereits der Überzeugung ist, der angefochtene Beitragsbescheid sei etwa aufgrund der Nichtigkeit der Beitragssatzung wegen mangelnder Rechtsgrundlage rechtswidrig, oder wenn es — in fehlerhafter Auslegung des § 7 Steueranpassungsgesetz[69] — der Meinung ist, hinsichtlich der Auswahl eines Gesamtschuldners bestehe kein pflichtgemäßer Bindung unterworfenes Ermessen, sondern eine vollkommene Entscheidungsfreiheit der Behörde.

Der Kläger bzw. sein Prozeßbevollmächtigter hat daher die weitergehende Gestaltung des Verfahrens — mittelbar — in der Hand.

Zur Vermeidung von Mißverständnissen sei darauf hingewiesen, daß hier nicht einer „destruktiven" Prozeßführung seitens der Parteien (Beteiligten) das Wort geredet werden soll.

Der Rechtsanwalt als Prozeßbevollmächtigter hat jedoch — entsprechend seiner Doppelfunktion[70] — unter Abwägung der von ihm zu vertretenen Parteiinteressen und seiner Aufgabe als unabhängiges Organ der Rechtspflege — darauf hinzuwirken, daß das Gericht weitestgehend seine Verpflichtung zur Feststellung der materiellen Wahrheit und ihrer rechtlichen Konsequenz erfüllt; daß diese Funktion des Rechtsanwalts zuweilen mit der Rolle eines dem Gericht „unbequemen" Prozeßbegleiters verbunden ist, steht diesem hoch zu bewertenden Auftrag an die Anwaltschaft nicht entgegen[71].

---

[68] Der freilich nicht unbedingt in einen förmlichen Antrag, sondern auch in einen konkreten Hinweis auf Sachverhaltsvarianten gekleidet werden kann.

[69] Diese Bestimmung ist inzwischen durch § 44 AO ersetzt worden, vgl. dazu Kopp, AO, § 44 Rdn. 1, 6; das Steueranpassungsgesetz war von den Kommunalabgabengesetzen der Länder in Bezug genommen, siehe nur § 3 Abs. 1 rhl.-pf. KAG v. 8.11.1954, jetzt § 3 Abs. 1 rhl.-pf. KAG i.d.F. v. 2.9.77: Inbezugnahme der Abgabenordnung.

[70] Einerseits als Parteiinteressenvertreter, andererseits als unabhängiges Organ der Rechtspflege.

[71] Nur am Rande sei darauf hingewiesen, daß dieser Auftrag durchaus weitgehend dem an den Vertreter des öffentlichen Interesses gerichteten entspricht; vgl. insoweit Schulz-Hardt, Der allgemeine Vertreter des öffentlichen Interesses, S. 56 ff.

IV. Schlußbetrachtung

Nach allem kann festgestellt werden, daß die Geltung des Untersuchungsgrundsatzes im Verwaltungsprozeß — dogmatisch uneingeschränkt — von der überwiegenden Literatur und der herrschenden Rechtsprechung bejaht wird; diese Feststellung ist allerdings mit der Erkenntnis verbunden, daß die Berufung auf den Untersuchungsgrundsatz oftmals lediglich ein Lippenbekenntnis darstellt.

Der Untersuchungsgrundsatz in der tatsächlich praktizierten, abgeschwächten Form bannt nicht die Gefahr materiell unzutreffender Entscheidungen, sondern fördert sie u.U., wenn nämlich der entscheidungsrelevante Prozeßstoff vornehmlich der Verwaltungssphäre entstammt.

Entgegen der überwiegend zutage tretenden Auffassung ist der Untersuchungsgrundsatz keine abstrakt-prozessuale Obliegenheit des Gerichts, sondern eine auf materiell-rechtlichen Vorgaben gegründete Zuweisung von *Allein*verantwortung für die materielle Richtigkeit der Entscheidung hinsichtlich des gestellten Sachverhaltes und der auf ihm beruhenden Rechtsanwendung.

Das Gericht muß in *jedem Fall* einen Sachverhalt ermitteln, um eine Entscheidungsgrundlage zu haben; die Grenze des Untersuchungsgrundsatzes und damit der richterlichen Aufklärungspflicht liegt daher allein in der alleinverantwortlichen, nach pflichtgemäßem Ermessen zu treffenden Entscheidung des Richters darüber, ob Spruchreife, also Vollständigkeit des Sachverhalts, eingetreten ist.

Die Aufgabe des Rechtsanwalts als Parteivertreter und unabhängiges Organ der Rechtspflege besteht darin, den Richter in seine bestehende Alleinverantwortlichkeit zu zwingen und auf diese Weise den Einfluß der Verwaltungsbehörde auf den Prozeßverlauf zurückzudrängen[1].

Die von der Rechtsprechung vorgenommenen unzulässigen Beschränkungen des Untersuchungsgrundsatzes, verbunden mit den Unwägbarkeiten, die sich aus der Befassung von Individuen mit im öffentlichen Interesse stehenden Rechtspflegeangelegenheiten — insbesondere der Rechtsprechung — ergeben und dem Unvermögen der nicht rechts-

---

[1] Als Nebeneffekt wird sich, wie Eyermann — NJW 1973, 1031, 1032 — im Hinblick auf den Anwaltszwang feststellt, eine höhere Qualität der Rechtsprechung ergeben; vgl. ferner zum Postulat der Gleichrangigkeit der Prozeßbeteiligten v. Foerster, ZRP 1970, 277.

IV. Schlußbetrachtung

kundig vertretenen Parteien, die Zusammenhänge zwischen materiellem Recht und seiner prozessualen Verwirklichung zu erkennen und dementsprechend gestaltend auf das Verfahren einzuwirken, lassen auch und gerade im Verwaltungsprozeß die anwaltliche Vertretung des Bürgers geboten erscheinen; ein Ausspruch *Noacks*[2] aus dem Jahre 1937 hat daher bis heute nicht an Aktualität verloren:

> „Schaffe das beste Recht und zwinge die Partei, allein vor dem Gerichte zu verhandeln; mit Recht wird dann die unterlegene Partei sich jedesmal von einer stärkeren Justiz vergewaltigt fühlen."

---

[2] RRAO, Vorspruch Anm. 3.

Schrifttumsverzeichnis

Adomeit, Klaus: Der gerichtliche Prozeß in der Sicht der Rechtstheorie, AcP 174 (1974), 407 ff.

Albers, Jan: siehe Baumbach, Adolf.

Aldag, Heinrich: Die Gleichheit vor dem Gesetze in der Reichsverfassung, Diss. Berlin 1925, zit.: Aldag, Die Gleichheit.

Altenhoff, Rudolf / *Busch*, Hans / *Kampmann*, Kurt: Rechtsberatungsgesetz, Kommentar 4. Auflage, Münster 1978, zit.: Altenhoff / Busch / Kampmann, Rechtsberatungsgesetz.

André, Helmut: Chancengleichheit im Rechtsschutz durch obligatorische Rechtsschutzversicherung? ZRP 1976, 177 ff.

Apelt, Willibald: Die Gleichheit vor dem Gesetz nach Art. 3 Abs. 1 GG, JZ 1951, 353 ff.

Arens, Peter: Mündlichkeitsprinzip und Prozeßbeschleunigung im Zivilprozeß, Berlin 1971, zit.: Arens, Mündlichkeitsprinzip.

— Prozeßrecht und materielles Recht, AcP 173 (1973), 250 ff.

Arndt, Adolf: Anmerkung zu Bay VerfGH v. 15.5.1962 in JZ 1963, 63 f., JZ 1963, 65 ff.

— Das rechtliche Gehör, NJW 1959, 6 ff.

— Die Verfassungsbeschwerde wegen Verletzung des rechtlichen Gehörs, NJW 1959, 1297 ff.

Arndt, Herbert: Juristische Ausbildung, 3. Auflage, Bleckede 1972.

Bachof, Otto: Art. 19 Abs. 4 des Grundgesetzes und das Bundesverwaltungsgericht, DRiZ 1950, 245 ff.

— Begriff und Wesen des sozialen Rechtsstaats, VVdStRL 12 (1954), S. 37 ff.

— Nochmals: Zur Frage des Anwaltszwanges im Verwaltungsprozeß, DVBl. 1954, 392 f.

— Grundgesetz und Richtermacht, Tübingen 1959, zit.: Bachof, Grundgesetz und Richtermacht.

— Die richterliche Kontrollfunktion im westdeutschen Verfassungsgefüge in: Festschrift für Hans Huber, Bern 1961, S. 26.

— Über die Notwendigkeit des Anwaltszwanges im Verwaltungsprozeß, NJW 1954, 256 f.

— Verfassungsrecht, Verwaltungsrecht, Verfahrensrecht in der Rechtsprechung des Bundesverwaltungsgerichts, Bd. II, Tübingen 1967 zit.: Bachof, Verfassungsrecht, Verwaltungsrecht, Verfahrensrecht, Bd. II.

— s. Wolff, Hans J.

Baltzer, Andreas: Grenzen der Sachaufklärung durch das Finanzgericht, NJW 1967, 1550 f.

— Prozeßgegenstand, Streitgegenstand und Klagebegehren im Steuerprozeß, NJW 1966, 1337 ff.

Barbey, Günther: Bemerkungen zur Juridifizierung von Verwaltungsentscheidungen in: Gedächtnisschrift für Friedrich Klein, München 1977, S. 38 ff.

Baring, Arnulf Martin: Das Verfahren vor dem Bundesverwaltungsgericht, DVBl. 1961, 349 ff.

— Der Vertreter des öffentlichen Interesses im deutschen Verwaltungsprozeß, VerwArch 50 (1959), 105 ff.

Barth, Lothar: Die Verfügungsmacht der Beteiligten über den Streitgegenstand im sozialgerichtlichen Verfahren, NJW 1961, 1604 ff.

Bathe, Heinrich Theodor: Verhandlungsmaxime und Verfahrensbeschleunigung bei der Vorbereitung der mündlichen Verhandlung, Berlin u. New York 1977, zit.: Bathe, Verhandlungsmaxime.

Bauer, Günter: Prozeßkostenrisiko, Grundgesetz und Rechtsschutzversicherung, VersR 1973, 110 ff.

Bauer, Horst: Gerichtsschutz als Verfassungsgarantie. Zur Auslegung des Art. 19 Abs. 4 GG, Berlin 1973, zit.: Bauer Gerichtsschutz.

Baumbach, Adolf / *Lauterbach*, Wolfgang / *Albers*, Jan / *Hartmann*, Peter: Zivilprozeßordnung, 37. Auflage, München 1979, zit.: Baumbach / Lauterbach, ZPO.

Baumgärtel, Gottfried: Chancengleichheit vor Gericht durch Pflichtrechtsschutzversicherung oder Prozeßhilfe? JZ 1975, 425 ff.

— Ist die Einführung einer „Erschwernisgebühr" für Rechtsanwälte rechtspolitisch vertretbar? ZRP 1974, 228 ff.

— Kostenexplosion im Bereich des Rechtsschutzes? BB 1975, 678 ff.

— Ist die Rechtsberatung Minderbemittelter eine Aufgabe staatlicher Behörden? ZRP 1975, 65 ff.

— u. *Mes*, Peter: Rechtstatsachen zur Dauer des Zivilprozesses (erste Instanz), 2. Auflage, Köln, Berlin, Bonn, München 1972, zit.: Baumgärtel / Mes, Rechtstatsachen.

Baumgärtel, Gottfried: Eine Rechtstatsachenuntersuchung über die Ursachen der zu langen Prozeßdauer. Zugleich eine Stellungnahme zur Beschleunigungsnovelle, JZ 1971, 441 ff.

— Gleicher Zugang zum Recht für alle, Köln 1976, zit.: Baumgärtel, Gleicher Zugang.

— Zugang zum Gericht für Unterprivilegierte in: Humane Justiz, Kronberg 1977, S. 17 ff.

Baur, Fritz: Die Aktivität des Richters im Prozeß, in: Materialien zum ausländischen und internationalen Privatrecht, Teheran 1974, 187 f.

— Der Anspruch auf rechtliches Gehör, AcP 153 (1954), 393 ff.

— Armenrecht und Rechtsschutzversicherung, JZ 1972, 75 ff.

— Richterliche Hinweispflicht und Untersuchungsgrundsatz, in: Rechtsschutz im Sozialrecht, Köln 1965, S. 35 ff.

— Richtermacht und Formalismus in Verfahrensrecht, in: Summum ius summa iniuria, Tübingen 1963, S. 97 ff., zit.: Baur, Richtermacht.

— Studien zum einstweiligen Rechtsschutz, Tübingen 1967.

— Zeit- und Geistesströmungen im Prozeß, JBl. 1970, S. 445 ff.

Benda, Ernst / Klein, Eckart: Bemerkungen zur richterlichen Unabhängigkeit, DRiZ 1975, 166 ff.

Bender, Bernd: Einige rechtspolitische Bemerkungen zur Verbandsklage im öffentlichen Recht, DöV 1976, 584 ff.

— Der Verwaltungsrichter im Spannungsfeld zwischen Rechtsschutzauftrag und technischem Fortschritt, NJW 1978, 1945 ff.

Bender, Rolf: Funktionswandel der Gerichte? (d. herkömml. Bedeutung der Gerichte schwindet; d. Allianz zwischen d. 1. und 2. Gewalt bedroht die Freiheit; neue Aufgabe f. d. Gerichte: d. Schutz des Schwächeren; die Richter sollten ihre Funktion als Träger d. 3. Gewalt bejahen), ZRP 74, 235 ff.

— u. Strecker, Christoph: Zugangsbarrieren zur Justiz, in: Jahrbuch für Rechtssoziologie und Rechtstheorie, Opladen 1976, S. 377 ff.

Berg, Wilfried: Die Beweislast im Verwaltungsprozeß am Beispiel des Wohngeldrechts, JuS 1977, 23 ff.

Berner, D.: Die Untersuchungsmaxime, in: Drei Abhandlungen zum preußischen Verwaltungsstreitverfahren, VerwArch 31 (1926), 428 ff.

Bernhardt, Wolfgang: Beweislast und Beweiswürdigung im Zivil- und Verwaltungsprozeß, JR 1966, 322 ff.

Bettermann, Karl August: Notwendigkeit, Möglichkeiten und Grenzen einer Ausgleichung der deutschen Verfahrensordnungen, ZZP 70 (1957), 161 ff.

— Die Rechtsweggarantie des Art. 19 Abs. 4 GG in der Rechtsprechung des Bundesverfassungsgerichts, AöR 96 (1971), 528 ff.

— Die Unabhängigkeit der Gerichte und der gesetzlichen Richter, in: Die Grundrechte, 3. Bd., 2. Hbbd., Berlin 1959, S. 523.

— Verfassungsrechtliche Grundlagen und Grundsätze des Prozesses, JBl. 1972, 57 ff.

— Die Verpflichtungsklage nach der Bundesverwaltungsgerichtsordnung, NJW 1960, 649 ff.

— Wesen und Streitgegenstand der verwaltungsgerichtlichen Anfechtungsklage, DVBl. 1953, 163 ff.

Bitter, Georg: Inhalt und Grenzen der Dispositionsmaxime im Verwaltungsstreitverfahren, Bay VBl. 1958, 41 ff.

Blanke, Kurt: Der Beruf des Anwalts in unserer Zeit, AnwBl. 1954, 134 ff.

Blomeyer, Arwed: Beweislast und Beweiswürdigung im Zivil- und Verwaltungsprozeß, Verhandlungen des 46. DJT, 1966, Band I Teil 2 A, München 1966, zit.: Blomeyer, Beweislast.

Böckenförde, Werner: Der allgemeine Gleichheitssatz und die Aufgabe des Richters, Diss. Berlin 1957, zit.: Böckenförde, Der allgemeine Gleichheitssatz und die Aufgabe des Richters.

Bötticher, Eduard: Inwieweit sichern die Art. 102 ff. der Reichsverfassung die Unabhängigkeit des Richters und den Rechtsweg, ZZP 51 (1926), 201 ff.

— Die Gleichheit vor dem Richter (2. Auflage), (Hamburg 1961), Hamburg 1954, zit.: Bötticher, Die Gleichheit.

Bokelmann, Erika: „Rechtswegsperre" durch Prozeßkosten, ZRP 1973, 164 ff.

Bomsdorf, Falk: Prozeßmaximen und Rechtswirklichkeit, Berlin 1971, zit.: Bomsdorf, Prozeßmaximen.

Bonk, Heinz J.: Siehe Stelkens, Paul.

Brüggemann, Dieter: Judex statutor und judex investigator, Bielefeld 1968, zit.: Brüggemann, Judex Statutor.

Bülow, Arthur: Bundesrechtsanwaltsordnung, Berlin 1959, zit.: Bülow, Bundesrechtsanwaltsordnung.

Buermeyer, Volker: Rechtsschutzgarantie und Gerichtsverfahrensrecht, Köln 1975, zit.: Buermeyer, Rechtsschutzgarantie.

Burmeister, Joachim: Vom staatsbegrenzenden Grundrechtsverständnis zum Grundrechtsschutz für Staatsfunktionen, Frankfurt 1971, zit.: Burmeister, Grundrechtsverständnis.

Busch, Hans: Siehe Altenhoff, Rudolf.

von Canstein, Raban: Die rationellen Grundlagen des Civilprozesses und deren Durchführung in den neuesten Civilprozess-Gesetzentwürfen Oesterreichs und Deutschlands, Wien 1877, zit.: v. Canstein, Grundlagen.

de Clerck, Hans: Siehe Schunck, Egon.

Commichau, Gerhard: Ausbildung und Fortbildung des Anwaltes, NJW 1977, 1361 ff. = AnwBl. 1977, 338 ff.

Costede, Jürgen: Studien zum Gerichtsschutz, Bern 1977, zit.: Costede, Studien zum Gerichtsschutz.

Czermak, Fritz: Zum gerichtsfreien Beurteilungsspielraum im Verwaltungsrecht, JZ 1963, 236 ff.

— Zuwenig oder zuviel Rechtsschutz durch die Verwaltungsgerichte? DRiZ 1964, 38 ff.

Däubler, Wolfgang: Bürger ohne Rechtsschutz, Kostenrisiko und Grundgesetz, BB 1969, 545 ff.

Dahs, Hans jun.: Das rechtliche Gehör im Strafverfahren, München 1965, zit.: Dahs, Das rechtliche Gehör.

Damrau, Jürgen: Die Entwicklung einzelner Prozeßmaximen seit der Reichszivilprozeßordnung von 1877, Paderborn 1975, zit.: Damrau, Entwicklung.

Demuth, Wilhelm: Zum Thema: „Nulltarif bei der Justiz", DRiZ 1972, 27 f.

Döhring, Erich: Die Erforschung des Sachverhalts im Prozeß, Berlin 1964, zit.: Döhring, Erforschung.

— Geschichte der deutschen Rechtspflege seit 1500, Berlin 1953, zit.: Döhring, Geschichte.

Dubischar, Roland: Grundzüge der Beweislastverteilung im Zivil- und Verwaltungsprozeß, JuS 1971, 385 ff.

Dürig, Günter: Siehe Maunz, Theodor.

Dütz, Wilhelm: Rechtsstaatlicher Gerichtsschutz im Privatrecht, Bad Homburg 1970, zit.: Dütz, Rechtsstaatlicher Gerichtsschutz.

Dunz, Walter: Der unzulässige Ausforschungsbeweis, NJW 1956, 769 ff.

Ebsen, Ingwer: Gesetzesbindung und „Richtigkeit" der Entscheidung, Diss. Mainz 1972/1974, zit.: Ebsen, Gesetzesbindung.

Eichenberger, Kurt: Die richterliche Unabhängigkeit als rechtsstaatliches Problem, Bern 1960, zit.: Eichenberger, Die richterliche Unabhängigkeit.

Endemann, Wilhelm: Das deutsche Zivilprozeßrecht, Heidelberg 1868, Faksimile-Neudruck, Aalen 1969, zit.: Endemann, Das deutsche Zivilprozeßrecht.

Endemann, Wolfgang: Bespr.: Engelmann, Klaus, Prozeßgrundsätze im Verfassungsprozeßrecht, DöV 1978, 699 f.

Engelmann, Klaus: Prozeßgrundsätze im Verfassungsprozeßrecht, Diss. Berlin 1977, zit.: Engelmann, Prozeßgrundsätze.

Entwurf eines Verwaltungsgerichtsgesetzes: Schriften der Hochschule Speyer, Bd. 40, Berlin 1969, zit.: Entwurf eines Verwaltungsgerichtsgesetzes.

Erbel, Günter: Bespr. zu VVdStRL 34, JuS 1976, 342 ff.

Erichsen, Hans-Uwe: Anmerkung zu BVerfG v. 19.6.1973, DVBl. 1973, 622, VerwArch 65 (1974), 99 ff.

Eyermann, Erich: Justizreform in der Verwaltungsgerichtsbarkeit, NJW 1973, 1031 ff.

— Verwaltungsgerichtsgesetz, 2. Aufl., München 1954, zit.: Eyermann / Fröhler, VGG.

— u. *Fröhler,* Ludwig: Verwaltungsgerichtsordnung, 7. Auflage, München 1977, zit.: Eyermann / Fröhler, VwGO.

Fechner, Erich: Kostenrisiko und Rechtswegsperre — steht der Rechtsweg offen? JZ 1969, 349 ff.

von Feuerbach, Paul Johann A.: Betrachtungen über die Öffentlichkeit und Mündlichkeit der Gerechtigkeitspflege, Giessen 1821, zit.: Feuerbach, Betrachtungen.

Finkelnburg, Klaus: Vorläufiger Rechtsschutz im Verwaltungsstreitverfahren, 2. Auflage, München 1979.

Fleiner-Gerster, Thomas: Grundzüge des allgemeinen und schweizerischen Verwaltungsrechts, Zürich 1977, zit.: Fleiner-Gerster, Grundzüge.

Fleischmann, Eugen: Die freien Berufe im Rechtsstaat (Schriften zum öffentlichen Recht, Bd. 127), Berlin 1970, zit.: Fleischmann, Die freien Berufe.

von Förster, Hans-Heinrich: Die Gleichrangigkeit von Klägern und Beklagten vor den Verwaltungsgerichten, ZRP 1970, 277.

Fraunholz, Karljosef: Siehe Riedel, Fritz.

Friedrichs, Karl: Besonderheiten des preußischen Verwaltungsstreitverfahrens, VerwArch 6 (1898), 358 ff.

Friesecke-Tackenberg, Gisela: Untersuchungs- und Verhandlungsmaxime, DVBl. 1961, 546 f.

Friesenhahn, Ernst: Über Begriff und Arten der Rechtsprechung unter besonderer Berücksichtigung der Staatsgerichtsbarkeit nach dem Grundgesetz und den westdeutschen Landesverfassungen, in: Festschrift für Richard Thoma, Tübingen 1950, S. 21 ff.

Fröhler, Ludwig: Siehe Eyermann, Erich,

— Verwaltungsgerichtsgesetz

— Verwaltungsgerichtsordnung

Furtner, Georg: Das Urteil im Zivilprozeß, 4. Auflage, München 1978, zit.: Furtner, Das Urteil im Zivilprozeß.

Gaedke, Jürgen: Die Vertreter des öffentlichen Interesses nach der VO Nr. 165, DöV 1950, 73 ff.

Gaul, Hans Friedhelm: Zur Frage nach dem Zweck des Zivilprozesses, AcP 168 (1968), 27 ff.

Geiger, Helmut: Kosten und Vollstreckung nach der Verwaltungsgerichtsordnung, MDR 1960, 884 ff.

Gerber, Hans: Anmerkung zum Urteil des BVerwG vom 11.9.58, DöV 1959, 344 ff.

— Der Vertreter des öffentlichen Interesses, DöV 1958, 680 ff.

Gneist, Rudolf: Der Rechtsstaat und die Verwaltungsgerichte in Deutschland, 3. unveränd. Auflage (fotomech. Nachdruck der 2. Auflage von 1879), Darmstadt 1966, zit.: Gneist, Rechtsstaat.

von Gönner, Nikolaus Thaddäus: Handbuch des deutschen gemeinen Prozesses, 2. Auflage Bd. I—IV 1804—1805, zit.: Gönner, Handbuch.

Görlitz, Axel: Verwaltungsgerichtsbarkeit in Deutschland, Neuwied 1970, zit.: Görlitz, Verwaltungsgerichtsbarkeit.

Goldschmidt, James: Zivilprozeßrecht, 2. Auflage, Berlin 1932.

Gottwald, Peter: Armenrecht in Westeuropa und die Reform des deutschen Rechts, ZZP 89 (1976), 136 ff.

Grahe, Rolf-Jürgen: Der Gerichtsbescheid — eine unbedenkliche Regelung? NJW 1978, 1789 ff.

Grimmer, Klaus: Die Rechtsfiguren einer „Normativität des Faktischen". Untersuchungen zum Verhältnis von Norm und Faktum und zur Funktion der Rechtsgestaltungsorgane, Berlin 1971, zit.: Grimmer, Rechtsfigur.

Grolman, Karl: Theorie des gerichtlichen Verfahrens in bürgerlichen Rechtsstreitigkeiten nach dem gemeinen deutschen Gesetzen, 2. Auflage, Gießen 1803, zit.: Grolman, Theorie des gerichtlichen Verfahrens.

Groß, Otto: Die bayerische Staatsanwaltschaft im Verfahren vor dem Bundesverwaltungsgericht, DVBl. 1960, 626 ff.

— Die Staatsanwaltschaft bei den bayerischen Verwaltungsgerichten, Bay VBl. 1959, 71 ff.

Grunsky, Wolfgang: Grundlagen des Verfahrensrechts, 2. Auflage, Bielefeld 1974, zit.: Grunsky, Grundlagen.

— Empfehlen sich im Interesse einer effektiven Rechtsverwirklichung für alle Bürger Änderungen des Systems des Kosten- und Gebührenrechts? 51. DJT, 1976 (Gutachten A), München 1976.

Habscheid, Walther J.: Freiwillige Gerichtsbarkeit, 6. Auflage, München 1977.

— Der Streitgegenstand im Zivilprozeß und im Streitverfahren der freiwilligen Gerichtsbarkeit, Bielefeld 1956, zit.: Habscheid, Der Streitgegenstand.

— Die Unabhängigkeit des Rechtsanwalts, NJW 1962, 1985 ff.

— Die Zivilrechtspflege im Spannungsfeld verfassungsrechtlicher Grundsätze, JR 1958, 361 ff.

Hagen, Johann Josef: Elemente einer allgemeinen Prozeßlehre. Ein Beitrag zur allgemeinen Verfahrenstheorie, Freiburg 1972, zit.: Hagen, Elemente.

Hamann, Andreas: Rechtliches Gehör, AnwBl. 1958, 141 ff.

— u. *Lenz,* Helmut: Das Grundgesetz für die Bundesrepublik Deutschland, 3. Auflage, Neuwied 1970, zit.: Hamann / Lenz, GG.

Hartmann, Peter: Siehe Baumbach, Adolf.

Haueisen, Fritz: Untersuchungsgrundsatz und Mitwirkungspflicht der Beteiligten, NJW 1966, 764 f.

Haverkämper, Joern: Die verfassungsrechtlichen Grundlagen der Maximen des Verwaltungsprozeßrechts, Diss. Münster 1973, zit.: Haverkämper, Grundlagen.

Heffter, August Wilhelm: System des römischen und deutschen Civil-Proceßrechts, 2. Ausgabe, Bonn 1843, zit.: Heffter, System.

Heimerich, Hermann: Das überlebte Armenrecht, BB 1960, 1071 ff.

Heine: Der Untersuchungsgrundsatz im Verwaltungsstreitverfahren und im Verfahren nach der Reichsversicherungsordnung, VerwArch 26 (1918), 431 ff.

Heins, Valentin: Der neue Entwurf zur Bundes-Rechtsanwalts-Ordnung, NJW 1958, 201 ff.

Henckel, Wolfram: Vom Gerechtigkeitswert verfahrensrechtlicher Normen, Göttingen 1966, zit.: Henckel, Gerechtigkeitswert.

Hennecke: Rechtsanwälte und Sozialgerichtsbarkeit, MDR 1956, 201 ff.

Herzog, Roman: Siehe Maunz, Theodor.

Hesselberger, Dieter: Die Lehre vom Streitgegenstand, Köln 1970, zit.: Hesselberger, Die Lehre vom Streitgegenstand.

von der Heydte, Friedrich August Freiherr: Richterfunktion und „Richtergesetz", Gedächtnisschrift für Walter Jellinek, München 1955, S. 493 ff.

Hinderling, Adrian: Die reformatorische Verwaltungsgerichtsbarkeit, Diss. Zürich 1957, zit.: Hinderling, Verwaltungsgerichtsbarkeit.

von Hippel, Fritz: Wahrheitspflicht und Aufklärungspflicht der Parteien im Zivilprozeß, Frankfurt 1939, zit.: v. Hippel, Wahrheitspflicht.

Holzweißig, Bruno: Die Aufgaben eines Vertreters des öffentlichen Interesses, DöV 1960, 17 ff.

Horber, Ernst: Grundbuchordnung, 14. Auflage, München 1977.

Huffmann, Helga: Geschichte der rheinischen Rechtsanwaltschaft, Köln 1969, zit.: Huffmann, Geschichte.

— Kampf um freie Advokatur, Diss. Bonn 1965, zit.: Huffmann, Kampf um freie Advokatur.

Isele, Walter: Bundesrechtsanwaltsordnung, Kommentar, Essen 1976, zit.: Isele, BRAO.

Jauernig, Otmar: Verhandlungsmaxime, Inquisitionsmaxime und Streitgegenstand, Tübingen 1967, zit.: Jauernig, Verhandlungsmaxime.

Jonas, Martin: Gedanken zur Prozeßreform, DR 1941, 1697 ff.

— Siehe Stein, Friedrich.

Kalsbach, Werner: Bundesrechtsanwaltsordnung und Richtlinien für die Ausübung des Rechtsanwaltsberufs, Kommentar, Köln 1960, zit.: Kalsbach, BRAO.

Kampmann, Kurt: Siehe Altenhoff, Rudolf.

Kapp, Ludwig: Die Hexenprozesse und ihre Gegner aus Tirol, Insbruck 1874, zit.: Kapp, Die Hexenprozesse.

Keller, Hans-Ludwig: Siehe Riedel, Fritz.

Kellner, Hugo: Besinnung auf die Anfechtungsklage, MDR 1968, 965 ff.

Kenneweg, Wolfgang: Darstellung und kritische Würdigung der Rechtsprechung zum Grundsatz des rechtlichen Gehörs unter besonderer Berücksichtigung verfassungsrechtlicher Gesichtspunkte, Diss. Münster 1969, zit.: Kenneweg, Darstellung.

Kisch, Wilhelm: Wahrheitspflicht, Verhandlungsmaxime, Eventualmaxime, DJZ 1936, 912 ff.

Kissel, Otto Rudolf: Gedanken zu den Gerichtskosten im Zivilprozeß, in: Festschrift für Gerhard Schiedermair, München 1976, S. 313 ff.

— Über die Zukunft der Justiz, 1974, zit.: Kissel, Über die Zukunft der Justiz.

Klein, Eckart: Siehe Benda, Ernst.

Klein, Franz: Siehe: Schmidt-Bleibtreu, Bruno.

Klein, Friedrich: Tragweite der Generalklausel im Art. 19 Abs. 4 des Bonner Grundgesetzes, VVDStRL 8 (1950), 67 ff.

Kleinknecht, Theodor: Strafprozeßordnung, 34. Auflage, München 1979, zit.: Kleinknecht, StPO.

Klinge, Erich: Außergerichtliche Rechtshilfe — Anwaltsarbeit oder Sozialarbeit? AnwBl. 1977, 350 ff.

Klinger, Hans: Verwaltungsgerichtsordnung, Göttingen 1960, zit.: Klinger, VwGO.

Knack, Hans-Joachim: Verwaltungsverfahrensgesetz, Köln 1976, zit.: Knack, VwVfG.

Knoppke-Wetzel, Volker: Rechtsfürsorge durch „private" Anwälte oder durch Anwälte in „öffentlichen" Rechtsfürsorgebüros? JZ 1976, 145 ff.

Koch, Karl: Abgabenordnung (AO 1977), Köln 1976; zit.: Koch, AO.

Koehler, Alexander: Verwaltungsgerichtsordnung, Berlin 1960, zit.: Koehler, VwGO.

König, Hans-Günther: Der Grundsatz des rechtlichen Gehörs im verwaltungsbehördlichen Verfahren, DVBl. 1959, 189 ff.

Kollhosser, Helmut: Zur Stellung und zum Begriff der Verfahrensbeteiligten im Erkenntnisverfahren der freiwilligen Gerichtsbarkeit, München 1970, zit.: Kollhosser, Verfahrensbeteiligte.

Kopp, Ferdinand: Entwicklungstendenzen in der Verwaltungsgerichtsbarkeit, in: Bay VBl. 77, 513 ff.

— Die Heilung von Mängeln des Verwaltungsverfahrens und das Nachschieben von Gründen im Verwaltungsprozeß, VerwArch 61 (1970), 219 ff.

— Verfassungsrecht und Verwaltungsverfahrensrecht, München 1971, zit.: Kopp, Verfassungsrecht und Verwaltungsverfahrensrecht.
— Verwaltungsgerichtsordnung, 4. Auflage, München 1979, zit.: Kopp, VwGO.
— Verwaltungsprozeßrecht, in: Weber / Fas, Jurisprudenz, Stuttgart 1978, S. 577 ff.

Kuchinke, Kurt: Die vorbereitete richterliche Sachaufklärung (Hinweispflicht) im Zivil- und Verwaltungsprozeß, JuS 1967, 295 ff.

Kummer, Max: Grundriss des Zivilprozeßrechts, Bern 1970, zit.: Kummer, Grundriss.

Labs, Walter / *von Werder,* Otto: Das Verfahren vor den Verwaltungsgerichten, Oldenburg 1949, zit.: Labs u.a., Das Verfahren.

Lang, Alfred: Verzicht und Anerkenntnis im verwaltungsgerichtlichen Verfahren, Bay VBl. 1958, 170 ff.

Lang, Arno: Untersuchungs- und Verhandlungsmaxime im Verwaltungsprozeß, VerwArch 52 (1961), 60 ff., 175 ff.

Lange, Klaus: Eindämmung der „Vorschriftenflut" im Verwaltungsrecht? DVBl. 1979, 533 ff.

Laubinger, Hans Werner: Siehe Ule, Carl Hermann
— Verwaltungsverfahrensrecht.

Lauterbach, Wolfgang: Siehe Baumbach, Adolf.

Leibholz, Gerhard: Die Gleichheit vor dem Gesetz, 2. Aufl., München 1959, zit.: Leibholz, Die Gleichheit vor dem Gesetz.
— u. *Rinck,* Hans Jürgen: Grundgesetz, 5. Auflage, Köln 1975, zit.: Leibholz / Rinck, GG.

Lenz, Helmut: Siehe Hamann, Andreas.

Leonhardt, Klaus: Siehe Stelkens, Paul.

Lichtenberg, Werner: Der Grundsatz der Waffengleichheit auf dem Gebiet des Verwaltungsprozeßrechts, Diss. Münster 1974, zit.: Lichtenberg, Waffengleichheit.

Loewenstein, Karl: Verfassungslehre (Political Power and the Governmental Process), Tübingen 1959.

Lorenz, Dieter: Grundrechte und Verfahrensordnungen, in: NJW 1977, 865 ff.
— Der Rechtsschutz des Bürgers und die Rechtsweggarantie, München 1973, zit.: Lorenz, Der Rechtsschutz des Bürgers und die Rechtsweggarantie.

Lüderitz, Alexander: Ausforschungsverbot und Auskunftsanspruch bei Verfolgung privater Rechte, Tübingen 1966, zit.: Lüderitz, Ausforschungsverbot.

Lüke, Gerhard: Über die Beweislast im Zivil- und Verwaltungsprozeß, JZ 1966, 587 ff.
— Grundsätze des Verwaltungsprozesses, JuS 1961, 41 ff.
— Der Streitgegenstand im Verwaltungsprozeß, JuS 1967, 1 ff.

Luhmann, Niklas: Grundrechte als Institution — Ein Beitrag zur politischen Soziologie, Berlin 1965, zit.: Luhmann, Grundrechte
— Legitimation durch Verfahren, Neuwied 1969, zit.: Luhmann, Legitimation durch Verfahren.

Maetzel, Wolf Bogumil: Bespr. Ule, Rechtstatsachen zur Dauer..., DöV 1978, 340.
— Beweislast und Beweiserhebung im Verwaltungsprozeß, DöV 1966, 520 ff.
— Instanzverkürzungen im Verwaltungsprozeß? DöV 1977, 626 ff.

Marcic, René: Vom Gesetzesstaat zum Richterstaat, Wien 1957, zit.: Marcic, Vom Gesetzesstaat zum Richterstaat.

Martens, Joachim: Entwicklungstendenzen im Verwaltungsprozeßrecht, ZRP 1977, 209 ff.
— Der Entwurf einer Verwaltungsprozeßordnung, ZRP 1979, 114 ff.

Martin, Christoph: Lehrbuch des Teutschen gemeinen bürgerlichen Processes, 12. Auflage, Heidelberg 1838, zit.: Martin, Lehrbuch.

Maunz, Theodor / *Dürig*, Günter / *Herzog*, Roman / *Scholz*, Rupert: Grundgesetz, München 1978, zit.: Maunz / Dürig / Herzog / Scholz, GG.

Maunz, Theodor: Deutsches Staatsrecht, 22. Aufl., München 1978, zit.: Maunz, Staatsrecht.

Mayer, Heinz: Siehe Walter, Robert
— Grundriß.

Meiss, Wilhelm: Zum Verhältnis von Zivilprozeß und Verwaltungsprozeß, ZZP 67 (1954), 169 ff.

Menger, Christian-Friedrich: Fragen zur Mitwirkung des Antragstellers im Verfahren der Sozialgerichtsbarkeit, in: Rechtsschutz im Sozialrecht, Köln 1965, S. 145 ff.
Zur Geschichte der Verwaltungsgerichtsbarkeit in Deutschland, DöV 1963, 726 ff.
— Allgemeine Prozeßrechtssätze in der Verwaltungsgerichtsordnung, in: Staatsbürger und Staatsgewalt Bd. II, Karlsruhe 1963, S. 427 ff.
— Höchstrichterliche Rechtsprechung zum Verwaltungsrecht, VerwArch 55 (1964), 376 ff.
— Der Schutz der Grundrechte in der Verwaltungsgerichtsbarkeit, in: Die Grundrechte, 3. Bd., 2. Hbbd., Berlin 1959, S. 717 ff.
— Moderner Staat und Rechtsprechung (Recht und Staat Heft 361), Tübingen 1968, zit.: Menger, Moderner Staat.
— System des verwaltungsgerichtlichen Rechtsschutzes, Tübingen 1954, zit.: Menger, System.

Merten, Detlev (Hrsg.): Die Vereinheitlichung der Verwaltungsgerichtsgesetze zu einer Verwaltungsprozeßordnung, Berlin 1978, zit.: Merten, Vereinheitlichung.

Mes, Peter: Der Rechtsschutzanspruch, Köln 1970, zit.: Mes, Der Rechtsschutzanspruch.

Messmer, Georg: Siehe Sträuli, Hans.

Meyer, Klaus: Herstellung der Spruchreife — Grundsatz und Grenzen — dargestellt am Baurecht, DVBl. 1961, 75 ff.

Meyer-Ladewig, Jens: Entlastung der Gerichte in der Verwaltungs- und Finanzgerichtsbarkeit, NJW 1978, 857 ff.
— Entwicklungstendenzen im Verwaltungsprozeßrecht, DöV 1978, 305 ff.

— Sozialgerichtsgesetz, München 1977, zit.: Meyer-Ladewig, SGG.

— Vereinfachung und Beschleunigung verwaltungsgerichtlicher Verfahren, DVBl. 1979, 539 ff.

— Zur Vereinheitlichung der drei Verwaltungsgerichtsordnungen (SGG, VwGO, FGO), SGb 1977, 333 ff.

Michael, Alexander R.: Die Verteilung der objektiven Beweislast im Verwaltungsprozeß, Diss. Heidelberg 1976, zit.: Michael, Die Verteilung der objektiven Beweislast im Verwaltungsprozeß.

Model, Otto / *Müller*, Klaus: Grundgesetz, 8. Auflage, Köln 1976.

Mösbauer, Heinz: Befugnisgrenzen finanzgerichtlicher Sachaufklärung, BB 1977, 505 ff.

Müller, Arnold: Die Gleichwertigkeit der Beteiligten im Finanzgerichtsprozeß, Diss. Münster 1970, zit.: Müller, Die Gleichwertigkeit der Beteiligten.

Müller, Klaus: Siehe Model, Otto.

Müller, Lothar: Die Freiheit der Advokatur. Ihre geschichtliche Entwicklung in Deutschland während der Neuzeit und ihre rechtliche Bedeutung in der Bundesrepblik Deutschland, Diss. Würzburg 1972, zit.: Müller, Die Feiheit der Advokatur.

von Münch, Ingo (Hrsg.): Grundgesetz, Kommentar, Bd. 1, Frankfurt 1974, zit.: von Münch — Bearbeiter, GG.

— Grundgesetz, Kommentar, Bd. 2, München 1976, zit.: von Münch — Bearbeiter, GG.

— Grundgesetz, Kommentar, Bd. 3, München 1978. zit.: von Münch — Bearbeiter, GG.

von Mutius, Albert: Garantiert Art. 19 Abs. 4 GG Rechtsschutz gegen Bebauungspläne? VerwArch 63 (1972), 207 ff.

— Zur Erforderlichkeit des Vorverfahrens gem. §§ 68 ff. VwGO bei Klageänderung und Parteiwechsel, VerwArch 62 (1971), 198 ff.

— Teilabschaffung des Widerspruchsverfahrens der VwGO durch Verwaltungsvereinfachungsgesetze der Länder? VerwArch 65 (1974), 321 ff.

— Das Widerspruchsverfahren der VwGO als Verwaltungsverfahren und Prozeßvoraussetzung, Berlin 1969, zit.: v. Mutius, Widerspruchsverfahren.

— Zulässigkeit der Verbandsklage? VerwArch 64 (1973), 311 ff.

— Zur verfassungsrechtlichen Zulässigkeit des kommunalen Vertretungsverbots, VerwArch 68 (1977), 73 ff.

Naumann, Richard: Die Verwaltungsgerichtsordnung, DöV 1960, 361 ff.

Neis, Kurt: Zur Funktion der Vertreter des öffentlichen Interesses bei den Verwaltungsgerichten, DöV 1972, 626 ff.

Nierhaus, Michael: Die Verteilung der Beweislast im Verwaltungsprozeß, Bay VBl. 1978, 745 ff.

Niese, Werner: Siehe Schönke, Adolf.

Noack, Erwin: Kommentar zur Reichs-Rechtsanwaltsordnung, 2. Auflage, Leipzig 1937.

von Oertzen, Hans-Joachim: Siehe Redeker, Konrad.

Ostler, Fritz: Der deutsche Rechtsanwalt, Schriftenreihe der Juristischen Studiengesellschaft Karlsruhe, Heft 56/57, Karlsruhe, 1963, zit.: Ostler, Der deutsche Rechtsanwalt.
— Die Rechtsanwaltschaft heute und morgen, Bay VBl. 1976, 193 ff.

Pabst, Ernst: Die Bedeutung des Art. 19 Abs. 4 Bonner Grundgesetz für die verwaltungsgerichtliche Anfechtungsklage, DöV 1951, 284.

Papier, Hans Jürgen: Die Vereinheitlichung der Verwaltungsgerichtsgesetze zu einer Verwaltungsprozeßordnung (zur 46. staatsw. Fortbildungstagung der Hochschule Speyer), DöV 1978, 322 ff.

Pawlowski, Hans-Martin: Zur Funktion der Prozeßkosten, JZ 1975, 197 ff.

Peters, Egbert: Ausforschungsbeweis im Zivilprozeß, Köln 1966, zit.: Peters, Ausforschungsbeweis.

Petersen, Albert: Über die Notwendigkeit eines Vertreters des öffentlichen Interesses im Verwaltungsstreitverfahren, DöV 1959, 537 ff.

Plagemann, Jochen: Der Anwalt in der Sozialgerichtsbarkeit, NJW 1975, 1392 ff.

Plassmann: Fachanwaltschaft für Verwaltungsrecht, AnwBl. 1978, 172.

Pötter, Wilhelm: Gegenwartsfragen der Verwaltungsgerichtsbarkeit, in: Der Staat, 3. Bd., Berlin 1964, S. 183 ff.

Pohle, Rudolf: Der Bürger vor der Vielzahl der Gerichte, in: Festschrift für Willibalt Apelt, München 1958, S. 171 ff.

Putzo, Hans: Siehe Thomas, Heinz.

Quack, Karlheinz: Sinn und Grenzen anwaltlicher Unabhängigkeit heute, NJW 1975, 1337 ff.

Rabe, Hans-Jürgen: Der Beruf des Anwalts — Herausforderung in Gegenwart und Zukunft, NJW 1971, 1385 ff.

Rasehorn, Theo: Reform der Juristenausbildung als Anfang einer Rechtsreform, NJW 1970, 1166 ff.

Rautenberg, J.: Untersuchungsmaxime und Zurückverweisung im verwaltungsgerichtlichen Verfahren, NJW 1955, 1545 f.

Redeker, Konrad: Anmerkung zu OVG Münster v. 19.9.73, NJW 1974, 287 ff.
— Beweislast und Beweiswürdigung im Zivil- und Verwaltungsprozeß, NJW 1966, 1777 ff.
— Verfahrensrechtliche Bindungen der Untersuchungsmaxime im Verwaltungsprozeß, in: Staatsbürger und Staatsgewalt, Bd. II, Karlsruhe 1963, S. 475 ff.
— Bürger und Anwalt im Spannungsfeld von Sozialstaat und Rechtsstaat, AnwBl. 1973, 225 ff. = NJW 73, 1153 ff.
— Koordinierung, Beschleunigung und Entlastung in den öffentlich-rechtlichen Gerichtszweigen, DVBl. 1977, 132 ff.
— u. *von Oertzen*, Hans-Joachim: Verwaltungsgerichtsordnung, 6. Auflage, Stuttgart 1978, zit.: Redeker / von Oertzen, VwGO.

Rehbinder, Manfred: Die Kosten der Rechtsverfolgung als Zugangsbarriere der Rechtspflege, Jahrbuch für Rechtssoziologie und Rechtstheorie, Opladen 1976, S. 395 ff.

Richter, Ernst-Günther: Ist das Verwaltungsgericht verpflichtet, eine Sache der Leistungsverwaltung spruchreif zu machen (§ 113 IV VwGO)? DVBl. 1970, 885 ff.

Riedel, Fritz / *Sußbauer*, Heinrich / *Fraunholz*, Karljosef / *Keller*, Hans-Ludwig: Bundesgebührenordnung für Rechtsanwälte, 4. Auflage, München 1978, zit.: Riedel / Sußbauer, BRAGO.

Rimmelspacher, Bruno: Zur Prüfung von Amts wegen im Zivilprozeß, Göttingen 1966, zit.: Rimmelspacher, Zur Prüfung von Amts wegen im Zivilprozeß.

Rinck, Hans Jürgen: Siehe Leibholz, Gerhard
— Grundgesetz.

Rödig, Jürgen: Die Theorie des gerichtlichen Erkenntnisverfahrens, Berlin 1973, zit.: Rödig, Die Theorie des gerichtlichen Erkenntnisverfahrens.

Roellecke, Gerd: Die Bindung des Richters an Gesetz und Verfassung, in: VVdStRL 34 (1976), S. 7 ff.

Röper, Erich: Rechtsausschüsse zur Entlastung der Verwaltungsgerichte, DöV 1978, 312 ff.
— Umfassender Rechtsschutz (Rechtsberatung und -besorgung) für sozial Schwache, DVBl. 77, 409 ff.

Rosenberg, Leo: Die Beweislast, 5. Auflage, München 1965, zit.: Rosenberg, Die Beweislast.

Roxin, Claus: Strafverfahrensrecht, 15. Aufl., München 1979, zit.: Roxin, Strafverfahrensrecht.

Rupp, Hans Heinrich: Die Bindung des Richters an das Gesetz, NJW 1973, 1769 ff.
— Zur neuen Verwaltungsgerichtsordnung: Gelöste und ungelöste Probleme, AöR 85 (1960), 149 ff.

Sauer, Gisbert: Postulationsfähigkeit und Grundgesetz, DRiZ 1970, 293 ff.

Sauer, Wilhelm: Grundlagen des Prozeßrechts, 2. Auflage, Stuttgart 1929, Neudruck Aalen 1970, zit.: Sauer, Grundlagen.
— Allgemeine Prozeßrechtslehre, Berlin 1951, zit.: Sauer, Prozeßrechtslehre.

Schäfer, Ludwig: Rechtsgespräch und rechtliches Gehör, Bay VBl. 1978, 454 ff.

Schardey, Günter: Fachanwaltschaften — oder Spezialisierungshinweise anderer Art? AnwBl. 1978, 41 ff.

Schellhammer, Kurt: Die Arbeitsmethode des Zivilrichters, 2. Auflage, Heidelberg 1977.

Scherl, Hermann: Verbilligte außergerichtliche Rechtshilfe für sozial Schwache, Frankfurt 1977, zit.: Scherl, Rechtshilfe.

Schiffmann, Gerfried: Die Bedeutung der ehrenamtlichen Richter bei Gerichten der allgemeinen Verwaltungsgerichtsbarkeit (Schriftenreihe d. Hochschule Speyer Bd. 53), Berlin 1974, zit.: Schiffmann, Die Bedeutung der ehrenamtlichen Richter.

Schmelz, Arthur: Handbuch des österreichischen Verwaltungsverfahrens, Eisenstadt 1975, zit.: Schmelz, Handbuch.

Schmidt, Eberhard: Die Sache der Justiz, Göttingen 1961, zit.: Schmidt, Die Sache der Justiz.

Schmidt, Hans: Handbuch des Erschließungsrechts, 4. Auflage, Köln 1976.

Schmidt, Richard: Die Herkunft des Inquisitionsprocesses, Freiburg 1902, zit.: Schmidt, Die Herkunft des Inquisitionsprocesses.

Schmidt, Walter: Rechtsschutz gegen ein Begründungsdefizit bei Verwaltungsentscheidungen über öffentliche Interessen, DöV 1976, 577 ff.

— Die Verwaltungsgerichtsbarkeit an den Grenzen des Verwaltungsrechtsschutzes, NJW 1978, 1769 ff.

Schmidt-Bleibtreu, Bruno / *Klein,* Franz: Kommentar zum Grundgesetz für die Bundesrepublik Deutschland, 4. Auflage, Neuwied 1977, zit.: Schmidt-Bleibtreu / Klein, GG.

Schmidt-Jortzig, Edzard: Nochmals: Vertreter des öffentlichen Interesses in der Verwaltungsgerichtsbarkeit, DöV 1978, 913 f.

Schmidt-Räutsch, Günther: Deutsches Richtergesetz, 2. Auflage, München 1973, zit.: Schmidt-Räutsch, DRiG.

Schmitt Glaeser, Walter: Siehe Tschira, Oskar.

Schneider, Egon: Die Unsteitigkeits-Fiktion des § 138 ZPO, MDR 1968, 813 f.

— Der Zivilrechtsfall in Prüfung und Praxis, 6. Auflage, München 1974.

Schneider, Rolf: Verfassungsrechtliche Grundlagen des Anwaltsberufs, NJW 1977, 873 ff.

— Der Rechtsanwalt, ein unabhängiges Organ der Rechtspflege, Schriften zum öffentlichen Recht Bd. 311, Berlin 1976, zit.: Schneider, Der Rechtsanwalt.

Schöneberger, Peter: Die Grenzen der Rechtsbesorgungsbefugnis des Steuerberaters nach dem Rechtsberatungsgesetz, Diss. Bamberg 1976, zit.: Schöneberger, Die Grenzen der Rechtsbesorgungsbefugnis.

Schönke, Adolf / *Schröder,* Horst / *Niese,* Werner: Lehrbuch des Zivilprozeßrechts, 8. Auflage, Karlsruhe 1956.

Scholler, Heinrich: Die Interpretation des Gleichheitssatzes als Willkürverbot oder als Gebot der Chancengleichheit, Berlin 1969, zit.: Scholler, Die Interpretation des Gleichheitssatzes.

Scholz, Rupert: Siehe Maunz, Theodor.

Schoreit, Armin: Rechtsberatung Minderbemittelter durch öffentliche Rechtsauskunftsstellen oder durch Armenanwälte? ZRP 1975, 62 ff.

Schröder, Horst: Siehe Schönke, Adolf.

Schröder, Jörg: Der Prozeßvergleich in den verwaltungsgerichtlichen Verfahrensarten Berlin 1971, zit.: Schröder, Der Prozeßvergleich.

Schubert, Reinhard: Zur Reform des Armenrechts, DRiZ 1977, 133 ff.

Schultze-Lock: Die Prozeßvertretung im Verwaltungsstreitverfahren, insbesondere der Sozialgerichtsbarkeit, SGb 1974, 133 ff.

Schultzenstein, Max: Die Untersuchungs- und die Verhandlungsmaxime in Vergleichung nach den einzelnen Prozeßarten, ZZP 43 (1913), 301 ff.

Schulz, Burkhard: Verwaltungsprozeßordnung, ZRP 1977, 235 f.

Schulz-Hardt, Hubertus Joachim: Über die Notwendigkeit eines allgemeinen Vertreters des öffentlichen Interesses in der deutschen Verwaltungsgerichtsbarkeit, DVBl. 1972, 557 ff.
— Über die Notwendigkeit eines allgemeinen Vertreters des öffentlichen Interesses in der deutschen Verwaltungsgerichtsbarkeit, DVBl. 1973, 55 ff.
— Der allgemeine Vertreter des öffentlichen Interesses in der deutschen Verwaltungsgerichtsbarkeit, Diss. Kiel 1968, zit.: Schulz-Hardt, Der allgemeine Vertreter des öffentlichen Interesses.

Schunck, Egon / *de Clerck*, Hans: Verwaltungsgerichtsordnung, 3. Auflage, Siegburg 1977, zit.: Schunck / de Clerck, VwGO.

Schwarze, Jürgen: Der funktionale Zusammenhang von Verwaltungsverfahren und verwaltungsgerichtlichem Rechtsschutz, Berlin 1974, zit.: Schwarze, Der funktionale Zusammenhang.

Seetzen, Uwe: Prozeßkosten und sozialer Rechtsstaat, ZRP 1971, 35 ff.

Skouris, Wassilios: Die Diskriminierung des Syndikusanwalts (§ 46 BRAO) aus verfassungsrechtlicher Sicht, BB 1975, 1230 ff.

Stein, Friedrich / *Jonas*, Martin: Kommentar zur Zivilprozeßordnung, Bd. I, II, 19. Auflage, Tübingen 1972, zit.: Stein / Jonas, ZPO.
— Kommentar zur Zivilprozeßordnung, Bd. III, 19. Auflage, Tübingen 1975, zit.: Stein / Jonas, ZPO.

Stelkens, Paul: Zu einigen neuen Verfahrensvorschriften für die Verwaltungsgerichtsbarkeit im Entwurf einer Verwaltungsprozeßordnung, DVBl. 1979, 544 ff.
— / *Bonk*, Heinz J. / *Leonhardt*, Klaus: Verwaltungsverfahrensgesetz, München 1978, zit.: Stelkens / Bonk / Leonhardt, VwVfG.

Sträuli, Hans / *Messmer*, Georg: Kommentar zur Zürcherischen Zivilprozeßordnung, Zürich 1976, zit.: Sträuli / Messmer, Zürcherische ZPO.

Strecker, Christoph: Siehe Bender, Rolf
— Zugangsbarriere zur Justiz.

Sußbauer, Heinrich: Siehe Riedel, Fritz.

Swolana, Günter: Bundesgebührenordnung für Rechtsanwälte, 5. Auflage, München 1978, zit.: Swolana, BRAGO.

Takabayashi, Katsumi: Einführung in das japanische Verwaltungsprozeßrecht, VerwArch 55 (1964), 359 ff.

Thomas, Heinz / *Putzo*, Hans: Zivilprozeßordnung, 10. Auflage, München 1978, zit.: Thomas / Putzo, ZPO.

Tietgen, Walter: Beweislast und Beweiswürdigung im Zivil- und Verwaltungsprozeß, Gutachten für den 46. DJT 1966, Band I, Teil 2 B, München 1966, zit.: Tietgen, Beweislast.

Trautmann, Helmut: Geltung der Rechtsweggarantie des Art. 19 Abs. 4 GG bei Gnadenentscheidungen? MDR 1971, 173 ff.

Trocker, Nicolo: Empfehlen sich im Interesse einer effektiven Rechtsverwirklichung für alle Bürger Änderungen des Systems des Kosten- und Gebührenrechts? 51. DJT 1976 (Gutachten B), München 1976.

Tschira, Oskar / *Schmitt Glaeser*, Walter: Verwaltungsprozeßrecht, 3. Auflage, Stuttgart 1977, zit.: Tschira / Schmitt Glaeser, Verwaltungsprozeßrecht.

von Turegg, Kurt Egon: Die Prozeßmaximen im Verwaltungsprozeß, in: Festschrift für Heinrich Lehmann, Berlin 1956, Bd. II, S. 849 ff.

Ule, Carl Hermann: Besprechung Eyermann / Fröhler, VwGO, 7. Aufl., DVBl. 1977, 907.
— Zur Frage des Anwaltszwanges im Verwaltungsprozeß, DVBl. 1954, 320 f.
— Rechtstatsachen zur Dauer des Verwaltungs- (Finanz-) Prozesses, Schriftenreihe der Hochschule Speyer, Bd. 69, Berlin 1977, zit.: Ule, Rechtstatsachen.
— Zur Vereinheitlichung der drei Verwaltungsprozeßordnungen (VwGO, FGO, SGG), SGb 1975, 473 ff.
— Verfassungsrecht und Verwaltungsprozeßrecht, DVBl. 1959, 537 ff.
— Zum Verhältnis von Zivilprozeß und Verwaltungsprozeß, DVBl. 1954, 137 ff.
— Verwaltungsprozeßrecht, 7. Aufl., München 1978, zit.: Ule, Verwaltungsprozeßrecht.
— u. *Laubinger*, Hans-Werner: Verwaltungsverfahrensrecht, Köln 1977, zit.: Ule / Laubinger, Verwaltungsverfahrensrecht.

Union Internationale des Avocats: Les Barreaux dans le monde. Die Rechtsanwaltschaft in der Welt, Paris 1959, zit.: Union Internationale.

von Unruh, Georg Christoph: Vom Gesetzesstaat zum Rechtsstaat (z. verf. rechtl. Bedeutung d. Einführung d. VerwGerichtsbarkeit im Jahre 1875), DVBl. 1975, 838 ff.

Die Verwaltungsausbildung der Juristen: Schriftenreihe der Hochschule Speyer, Bd. 25, Berlin 1965, zit.: Autor in: Verwaltungsausbildung.

Vollkommer, Max: Formenstrenge und prozessuale Billigkeit, München 1973, zit.: Vollkommer, Formenstrenge.

Wacke, Gerhard: Gegenstand und Rechtskraft bei der verwaltungsgerichtlichen Klage, AöR 79 (1954), S. 158 ff.

Walder, Hans Ulrich: Die Offizialmaxime, Zürich 1973, zit.: Walder, Die Offizialmaxime.

Walter, Christian: Prozess und Wahrheitsfindung in der Legenda Aurea, Diss. Kiel 1977, zit.: Walter, Prozeß und Wahrheitsfindung.

Walter, Robert / *Mayer*, Heinz: Grundriß des österreichischen Verwaltungsverfahrensrechts, Wien 1978, zit.: Walter / Mayer, Grundriß.

Walter, Robert: Verfassung und Gerichtsbarkeit, Wien 1960, zit.: Walter, Verfassung und Gerichtsbarkeit.

Wassermann, Rudolf: Justiz im sozialen Rechtsstaat (Demokratie und Rechtsstaat, Bd. 26), Darmstadt 1974, zit.: Wassermann, Justiz.
— Der politische Richter, München 1972, zit.: Wassermann, der politische Richter.
— Richter, Reform, Gesellschaft, Karlsruhe 1970, zit.: Wassermann, Richter, Reform, Gesellschaft.

Weckerle, Lothar: Vorbeugender Rechtsschutz im Verwaltungsprozeß, Diss. München 1967, zit.: Weckerle, Vorbeugender Rechtsschutz.

Weißler, Adolf: Geschichte der Rechtsanwaltschaft, Leipzig 1905, zit.: Weißler, Geschichte.

Welzel, Hans: Die Wahrheitspflicht im Zivilprozeß, Berlin 1935, zit.: Welzel, Wahrheitspflicht.

von Werder, Otto: Siehe Labs, Walter.

Werle, Raymund: Justizorganisation und Selbstverständnis der Richter, 1977, zit.: Werle, Justizorganisation.

Wittmann, Arno: Rechtshilfe für Minderbemittelte vor allem in städtischen Regionen, ZRP 1976, 195 ff.

Woesner, Horst: Rechtliches Gehör und Sitzungspolizei, NJW 1959, 866 ff.

Wolf, Manfred: Das Anerkenntnis im Prozeßrecht, Bad Homburg 1969, zit.: Wolf, Anerkenntnis.

— Rechtliches Gehör und die Beteiligung Dritter am Rechtsstreit, JZ 1971, 405 ff.

Wolff, Hans J. / *Bachof,* Otto: Verwaltungsrecht I, 9. Auflage, München 1974, zit.: Wolff / Bachof, Verwaltungsrecht I.

Zettel, Günther: Der Beibringungsgrundsatz, Berlin 1977, zit.: Zettel, Beibringungsgrundsatz.

Zeuner, Albrecht: Der Anspruch auf rechtliches Gehör, in: Festschrift für Hans Carl Nipperdey, Bd. I, München 1965, 1013 ff.

— Rechtliches Gehör, materielles Recht und Urteilswirkungen, Schriftenreihe der Juristischen Studiengesellschaft Karlsruhe, Heft 117, Karlsruhe 1974, zit.: Zeuner, Rechtliches Gehör.

Zippelius, Reinhold: Wertungsprobleme im System der Grundrechte, München 1962, zit.: Zippelius, System.

Zöller, Richard: Zivilprozeßordnung, 12. Auflage, Köln 1979.

Zweigert, Konrad: Zur inneren Unabhängigkeit des Richters, in: Festschrift für Fritz von Hippel, Tübingen 1967, S. 711 ff.

Printed by Libri Plureos GmbH
in Hamburg, Germany